IELTS

アイエルツ

International English Language Testing System

スピーキング 完全対策

嶋津幸樹 著

Govindi Deerasinghe 英文作成　タクトピアIELTS研究チーム 編集協力

DHC

はじめに

　本書を手に取ってくださった読者の皆様はIELTSの存在を知り、IELTSの受験を考え、またIELTSによるプレッシャーを抱えている英語学習者ではないでしょうか？　私も数年前にIELTSと出逢い、IELTSを受験し、IELTSの緊張感と戦ってきた英語学習者の一人です。IELTSのことしか考えられない日々を送ったことを思い出します。

　International English Language Testing System、通称IELTSは私と同い年の1989年生まれ、世界で年間380万人が受験する世界基準のテストです。日本では2010年の日本英語検定協会とブリティッシュ・カウンシルとの共同運営開始以降、年々受験者数が増加し、**過去10年間で5倍以上に膨れ上がっています**。これまで日本では国産の英語試験が人気でしたが、グローバル化により世界と密接に繋がり言語のボーダーが薄くなってきた日本でもついに世界基準が認められてきたわけです。実は今までにIELTSが導入された140カ国以上の国々で受験者数が減少した国は存在しません。世界基準の英語試験として認められる理由は数多くありますが、何よりも良質で幅広いコンテンツを通して、受験者の能力（4技能）を正確に測る試験であることが最大の理由です。IELTSは世に出るまで2年の試行期間を経て私たち受験者の元へ届きます。そんな世界基準の英語試験で高得点を取ることが**世界で戦うための最強の武器**となります。

3

　私が初めて受験したのは2011年。「IELTS」という言葉の読み方さえもわからなかったこと、そして初めてIELTSを受験したときの衝撃を今でも鮮明に覚えています。スピーキングテストで個室に連れてかれるところまでは想定内ではありましたが、極端に綺麗で上品なイギリス英語と本場の雰囲気を醸し出した立ち振舞いから、試験官が本当のプロフェッショナルであることを感じました。

How do people in your country feel about birds?

「あなたの国の人々は鳥についてどう感じますか？」
　今その時の状況を思い返すと打つ手がなく立ち尽くす様子の **I am totally screwed.** という表現がピッタリです。試験官の目を見つめ、しどろもどろしているうちに次の質問に移ってしまい、そこからさらに複雑で予想外の質問が飛び交い呆然としたまま14分が過ぎていきました。こんなに自分を困らせたテストは初めてです。そこから私のIELTSの旅が始まります。海外大学院の進学を目指し1年間の月日をIELTS対策に費やし様々な方法で自分の英語力向上を試みました。約1年後の受験で尋ねられた質問はこちらです。

What do you think about music education in your country?

　この質問に対して事前に準備していたテンプレートと音楽に関する背景知識を駆使し回答しました。

In my humble opinion, music education plays a pivotal role in fostering students' creativity and collaborative learning skills. In schools in Japan, children usually sing in choruses as a compulsory component of their early education. And music definitely provides an outlet for emotion. Emotional intelligence is not a subject typically stressed in our educational system, but this is an adequate stand-in for allowing children to express their inner selves. On a slightly different note, the word music originates from the ancient Greek word musike, which refers to any art ruled by Zeus's nine daughters who protected the arts. Music was something people enjoyed watching. You can easily imagine museum, musical or amusement have the common roots as the word music. You can easily imagine how the words museum, musical, or amusement have a common root with the word music.

そして結果はスピーキング8.5でした。対策は紛れもなく戦略的でありオフトピック（IELTSのトピックにない）のものには対応できる英語力ではありませんでしたが、**世界へ羽ばたくための素地が完成**し、約1年で6.0から8.5までスコアを伸ばすことができました。またその3年後にイギリスで受験したIELTSでもスピーキング8.5、そしてリスニングは9.0満点を獲得しました。その後、ロンドン大学院（University College London）にて応用言語学修士課程を修了し、現在はIELTSで苦しむ受験者を一人でも減らすべく情報発信や執筆を続けています。本書が皆さんのIELTSスコア向上の手助けとなり、皆さんが望む世界で好きなことを追求できることを切に願っています。

嶋津幸樹

IELTS Speaking

Introduction

Shimazu式スピーキング戦略法

　ここまでスコアを飛躍させたIELTSスピーキング**高得点獲得のための3つの鉄則**をここで皆様に伝授できれば幸いです。

> ① 　30秒完全論破術
> ② 　鉄則テンプレと雑談力
> ③ 　評価基準から逆算攻略

① 　30秒完全論破術

　IELTSスピーキングは英会話ではありません。与えられたテーマに対して瞬時に文章を組み立て、その中には一貫性や創造性を組み込む必要があります。そして**相手が「確かに」と頷いてしまうようなロジックと表現で圧倒することが重要**です。端的に的確に自分の言いたいことを伝え口説き落とす方法であるエレベーターピッチをイメージしていただくとわかりやすいかもしれません。大事な営業先や、ましてや投資家や芸能人などにエレベーターで遭遇したときに自分の想いを即座に伝えることと、IELTSスピーキングで自分の意見を展開することは紙一重です。簡潔に早口で30秒で想いを伝えるためのストラテジーは15秒ブレインストーミング（ブレスト）、30秒論破です。15秒で思考しブレスト、つまり嵐のように頭の中でアイデアを出す練習をしましょう。

②　鉄則テンプレと雑談力

　テンプレとはテンプレートの省略形でIELTSのスピーキングとライティングでは欠かせない要素の一つです。それも絶対的に有効なテンプレをインプットして自分で処理をしてからアウトプットすることが大切です。コーパス言語学の発達でビッグデータから頻度の高い表現等を学べる時代になりました。鉄則テンプレを感覚で集めるのではなくデータに基づいて自分だけのテンプレデータベースを作ることができます。

　次に雑談力ですが、ここでは雑学や背景知識を自分の経験を含めて展開させる能力のことを指します。話を展開させるための特定の知識をIELTSの出題テーマに合わせて準備していきます。この質問をされたらこの雑談をしようと事前に決めておきます。その雑談の中には自分が得意とする英語表現や発音に自信がある低頻出語彙を多用します。

③　評価基準から逆算攻略

　IELTSスピーキングでは試験官が流暢さと一貫性（Fluency and Coherence）、語彙力（Lexical Resource）、文法の知識の幅と正確さ（Grammatical Range and Accuracy）、発音（Pronunciation）の4つの評価基準で受験者の英語力を総合的に評価します。

ヨーロッパ言語共通参照枠（Common European Framework of Reference for Languages：CEFR）は学習者の言語運用能力を客観的に評価するための国際指標です。IELTSのスコアを他の英語試験と比較し換算するときにもA1からC2までの6段階の指標が使われます。IELTS試験官は学習者の達成目標を「○○することができる」と指標化したCan-doリ

Band	Fluency and coherence	Lexical resource
9	• speaks fluently with only rare repetition or self-correction; • any hesitation is content-related rather than to find words or grammar • speaks coherently with fully appropriate cohesive features • develops topics fully and appropriately	• uses vocabulary with full flexibility and precision in all topics • uses idiomatic language naturally and accurately
8	• speaks fluently with only occasional repetition or self-correction; hesitation is usually content-related and only rarely to search for language • develops topics coherently and appropriately	• uses a wide vocabulary resource readily and flexibly to convey precise meaning • uses less common and idiomatic vocabulary skilfully, with occasional inaccuracies • uses paraphrase effectively as required
7	• speaks at length without noticeable effort or loss of coherence • may demonstrate language-related hesitation at times, or some repetition and/or self-correction • uses a range of connectives and discourse markers with some flexibility	• uses vocabulary resource flexibly to discuss a variety of topics • uses some less common and idiomatic vocabulary and shows some awareness of style and collocation, with some inappropriate choices • uses paraphrase effectively
6	• is willing to speak at length, though may lose coherence at times due to occasional repetition, self-correction or hesitation • uses a range of connectives and discourse markers but not always appropriately	• has a wide enough vocabulary to discuss topics at length and make meaning clear in spite of inappropriacies • generally paraphrases successfully
5	• usually maintains flow of speech but uses repetition, self correction and/or slow speech to keep going • may over-use certain connectives and discourse markers • produces simple speech fluently, but more complex communication causes fluency problems	• manages to talk about familiar and unfamiliar topics but uses vocabulary with limited flexibility • attempts to use paraphrase but with mixed success
4	• cannot respond without noticeable pauses and may speak slowly, with frequent repetition and self-correction • links basic sentences but with repetitious use of simple connectives and some breakdowns in coherence	• is able to talk about familiar topics but can only convey basic meaning on unfamiliar topics and makes frequent errors in word choice • rarely attempts paraphrase
3	• speaks with long pauses • has limited ability to link simple sentences • gives only simple responses and is frequently unable to convey basic message	• uses simple vocabulary to convey personal information • has insufficient vocabulary for less familiar topics
2	• pauses lengthily before most words • little communication possible	• only produces isolated words or memorised utterances
1	• no communication possible • no rateable language	
0	• does not attend	

ストを使い、受験者を客観的に評価します。4つの評価基準ごとに細か
いCan-doリスト、通称IELTS Speaking Band Descriptorsが作成され
ています。それでは海外有名大学院への入学に必要とされるIELTS7.0
のBand Descriptorsを見てみましょう。

Grammatical range and accuracy	Pronunciation
• uses a full range of structures naturally and appropriately • produces consistently accurate structures apart from 'slips' characteristic of native speaker speech	• uses a full range of pronunciation features with precision and subtlety • sustains flexible use of features throughout • is effortless to understand
• uses a wide range of structures flexibly • produces a majority of error-free sentences with only very occasional inappropriacies or basic/ non-systematic errors	• uses a wide range of pronunciation features • sustains flexible use of features, with only occasional lapses • is easy to understand throughout; L1 accent has minimal effect on intelligibility
• uses a range of complex structures with some flexibility • frequently produces error-free sentences, though some grammatical mistakes persist	• shows all the positive features of Band 6 and some, but not all, of the positive features of Band 8
• uses a mix of simple and complex structures, but with limited flexibility • may make frequent mistakes with complex structures though these rarely cause comprehension problems	• uses a range of pronunciation features with mixed control • shows some effective use of features but this is not sustained • can generally be understood throughout, though mispronunciation of individual words or sounds reduces clarity at times
• produces basic sentence forms with reasonable accuracy • uses a limited range of more complex structures, but these usually contain errors and may cause some comprehension problems	• shows all the positive features of Band 4 and some, but not all, of the positive features of Band 6
• produces basic sentence forms and some correct simple sentences but subordinate structures are rare • errors are frequent and may lead to misunderstanding	• uses a limited range of pronunciation features • attempts to control features but lapses are frequent • mispronunciations are frequent and cause some difficulty for the listener
• attempts basic sentence forms but with limited success, or relies on apparently memorised utterances • makes numerous errors except in memorised expressions	• shows some of the features of Band 2 and some, but not all, of the positive features of Band 4
• cannot produce basic sentence forms	• Speech is often unintelligble

11

4つの評価基準

ここでは4つの評価基準で気をつけることを確認していきましょう。

● 流暢さと一貫性 (Fluency and Coherence)

英語をどれほど流暢に、どれほどの分量を、どのように考えをまとめられるか、そして何よりも重要なことに、不自然な間を作ったり同じことを繰り返したり言い間違えてそれを直したりするかを試験官は注意深く観察しています。**単語や文章の繋がりが自然であるか、伝えたい内容が首尾一貫しているか**を意識しながらスムーズに話す練習をしましょう。

● 語彙力 (Lexical Resource)

語彙を適材適所で使用しているか、質問に関連した語彙を使用しているかなどが判断基準です。また程よくパラフレーズ（言い換え）を駆使して表現にバラエティーをもたせて、ネイティブスピーカーが実際に使うような自然な表現を使用して**基本語彙だけでなく高度な語彙も使用しているかを評価されます。7.0以上を狙う場合には最低でも1文に1語は高度な語彙を使うようにしましょう。**

● 文法の知識の幅と正確さ (Grammatical Range and Accuracy)

ライティングでは複雑な文章や構文を使うことで高得点を狙えますが、スピーキングは必ずしもそうとは限りません。**複雑さよりも文章の正確さ、使用する文法の多様さ重視**で対策することをおすすめします。そのためにWarming upで紹介するIELTS基本例文200を繰り返しましょう。

●発音（Pronunciation）

　現代は英語を母語として話す人の数よりも外国語として英語を学ぶ人の数のほうが多い時代であり、世界共通語としてのWorld EnglishesやLingua Francaという言葉も生まれています。Nativelikeness（ネイティヴらしさ）を目指すのではなく**Intelligible English（明瞭で理解できる英語）を目指して口の筋トレに励みましょう。**

　内容に関する評価基準がないので、どんな内容でも上記4つの項目が満たされていればスコアに影響ないと言う指導者もいます。しかし複数の現役IELTS試験官へのインタビューを通して分かったのは、人間が試験官を務める以上100％の客観的アセスメントは不可能であるということです。英語力を測ることだけに特化した音声認識の機械が評価する場合はどのような内容であっても高得点を獲得できる可能性はありますが、対人間でのスピーキングテストでは多少なりとも主観的な評価が入ってしまうのです。私自身の受験経験からも8.5を獲得したときには内容も、それに付随する英語表現も、そして首尾一貫した構成も表現できたと自負しています。内容も英語力も同時進行で磨いていきましょう。

Fake it until you make it.

　最後にこの戦略法を実践する上で皆さんにお伝えしたいのは、**でっち上げる能力もある程度必要**であるということです。そして事実関係における正確さよりも自然な英語でリスポンスすることのほうが大切です。また人格も日本のローカルでの立ち振舞いからグローバルセルフ（国際基準の自分）に切り替えます。私がイギリスで受験したときは生まれも育ちもイギリスであるかのような雰囲気を出して自信満々に自分の意見を展開しました。当時の受験会場には多国籍・他宗教で母語での会話が飛び交っていましたが、私は直前まで英国人になりきって行動していました。そしてこの時もイギリスでスピーキング8.5を獲得しています。Fake it till you make it. つまり、まずはなりたい自分を想像して、そこに少しでも近づくために自分自身で、でっち上げてみましょう。

13

3つの具体的な対策法

●英単語学習

IELTSスピーキングでは見て聞いてわかる受動語彙ではなく意味を理解した上で適切なコンテクストで発話するための発表語彙が必要です。基本語彙を自然に使えるようになることはもちろんですが、低頻出語彙を用いることが高得点に繋がります。そのためにはたくさん聞いてたくさん話すだけではなく、明示的で意図的な学習が効果的です。実際の場面で使用されたコロケーションや表現を書き留め、自分の口から自然に出てくるようになるまで練習をしましょう。

●基本例文200の暗唱

IELTSに特化した基本例文200はIELTS6.0以下の学習者におすすめします。

学びの主人公は皆さんです。そして英語は自己中心的な言語です。まずは基本例文200で自分が主語となる文章を繰り返しましょう。基本例文はIELTS特化型のため、質問するときの表現や未来の話は極力避けています。実際にIELTSでの使用を想定して厳選しましたので、瞬時に日本語から英語へ言い換えができるようになります。

●アウトプット

From morning to nightというアクティビティは1分間で自分が朝起きてから寝るまでを表現するものです。英会話教室などでよく用いられるものですが、これは独り言でも実践でき、一日の振り返りとしても有効です。また金銭的に余裕があれば、強制的に発話をする環境が作れるスカイプ英会話もおすすめです。IELTSスピーキングでは英会話とは異なり、戦略的な疑似会話が求められます。毎日継続して話す環境を作ることが重要です。

ほか3技能の対策法はこの他にも数多く存在しますが、まずはこの3つを徹底することで着実にIELTSスピーキングのスコアを伸ばしていきましょう。

全体構成

計14分

Part1　プライベートに関する質問 （3～5分）

Part1では個人の経験や意見を2～3文で回答することが求められます。7.0以上を獲得するためにはPart1でパーフェクトに近いレベルで回答できるようになることが大切です。

Part2　指定されたテーマについての質問 （3～4分）

Part2でタスクカードとメモ用紙とペンを渡され、タスクカードに書かれた指示文に対して1分間で準備し1～2分間でスピーチを行います。7.0以上獲得するためには止められるまで話し続けることが大切です。

Part3　テーマを掘り下げた質問 （4～5分）

Part3ではPart2の内容を中心にこれまでの会話を掘り下げた質問に3～5文で回答します。7.0以上を狙いたい場合には4つの評価基準の条件を満たすことはもちろん、内容面でも魅力的で独創的な話をできるように対策しましょう。

IELTSスピーキングの流れ

　待合室で試験官に呼び出され個室に連れて行かれます。この方式は国ごとに違いますが、日本で受験する場合はこの方式が一般的です。

　着席すると試験官がレコーダーをオンにして**candidate number**（受験番号）と**examinee**（受験者）の名前を読み上げるという作業があります。試験官が自己紹介をした時点で試験開始です。試験官はスピーキング試験開始前に話をすることは原則禁止されていますが、まれに**Are you nervous?** や**Is this your first time taking IELTS?** などと声をかけられたことがあります。録音が始まってから正式にスピーキングテストが開始します。試験官の自己紹介のあとに名前を尋ねられます。

My name is Stephanie. Can you tell me your full name, please?
「私の名前はステファニーです。あなたの名前を教えてください。」

　この質問では名前を伝えますが、私の場合は自分の呼び名もここで提示します。
My name is Koki Shimazu but you can just call me Koki.
「私の名前は嶋津幸樹です。Koki と呼んでください。」

Can you tell me where you are from? 「出身はどこか教えてくれますか？」
　ここで大切なのは **I am from Tokyo, Japan.** だけでなくバラエティー豊かな表現で回答しましょう。
- **I am from a prefecture called Yamanashi, which is about one and half hours away from here.** 「山梨と呼ばれる県の出身でここから1時間半ほど離れた場所にあります。」
- **I was born and raised in Yamanashi but now I live in the eastern part of Tokyo.** 「山梨県で生まれ育ち、今は東京の東側に住んでいます。」

- I am originally from a small town called Shikishima but currently I live with my family in Tokyo. 「元々は敷島と呼ばれる小さな町の出身ですが、現在は家族とともに東京に住んでいます。」

次にIDの提示を求められます。
Can I see your identification please?「IDを見せて頂けますか？」
ここはシンプルに**Here you are.**や**Here it is.**で良いでしょう。試験官からThank you. That's fine.などと言われIDを返却されます。

　実はここまでのやりとりで全体が評価されると言っても過言ではありません。この数十秒で試験官は様々な要素を見抜いています。試験官の選考基準は大変厳しく、多くの試験官はケンブリッジ大学認定の英語教授法資格CELTAやDELTAを保持し、長年の英語指導経験を持つ、選りすぐりのベテラン講師たちです。この段階で、どの程度英語を学んできたか、どのようなアクセントがあるかなどを判断されてしまいます。自己紹介の段階で違和感なく、自然に対応することができればIELTSスピーキング7.0以上のスタートラインに立つことができます。そして次の質問はたいてい職業に関することです。

Now in this first part, I'd like to ask you some questions about yourself. Let's talk about what you do. Do you work or are you a student?

　本書ではここからの対策となるStrategyを学んでいただきます。英語学習者として、英語教師としてIELTSを受験してきたタクトピアIELTS研究チームによる分析や作問、そして高得点に繋がる表現が満載です。そしてここで身につけた英語スピーキングの礎は世界に出ても通用します。私自身6.0から8.5までの成長を通じてIELTS対策が実際の生活や大学での学問にポジティブな影響を及ぼしています。スピーキング対策をすることで同時にIELTSリスニングのスコアも向上します。それではここから20のテーマを攻略してIELTSで高得点を獲得しましょう！　本書が皆様の夢や目標を叶える上での通過点であるIELTSの対策の一助になれば光栄です。

IELTS スピーキング完全対策　　目次

はじめに ……………………………………………………………… 3

イントロダクション ………………………………………… 7

Shimazu式スピーキング戦略法 …………………………… 8

4つの評価基準 ……………………………………………… 12

3つの具体的な対策法 ……………………………………… 14

IELTS スピーキングの流れ ………………………………… 16

本書の特長 …………………………………………………… 20

音声ダウンロード／ほぼリアル面接動画の視聴方法 ………… 22

Warming up ……………………………………………… 23

1. SV ……………………………………………………… 24

2. SVC ……………………………………………………… 26

3. SVO ……………………………………………………… 28

4. SVOO …………………………………………………… 30

5. SVOC …………………………………………………… 32

6. Present Simple / Present Continuous ………… 34

7. Past Simple / Past Continuous ………………… 36

8. Present Perfect / Past Perfect ………………… 38

9. Future / Future Continuous …………………… 40

10. Can / Be able to / May ………………………… 42

11. Should / Must / Have to ……………………… 44

12. Infinitive ……………………………………………… 46

13. Gerund ………………………………………………… 48

14. Countable Noun / Uncountable Noun ……… 50

15. Adjective / Adverb ……………………………… 52

16. Preposition / Conjunction …………………… 54

17. Passive ········· 56

18. Comparison ········· 58

19. Relative Clause ········· 60

20. Subjunctive Mood ········· 62

テスト本番のPart1→Part2→Part3の流れと注意点 ········ 64

Exercise ········· 67

1. Study ········· 68

2. Work ········· 84

3. Family ········· 98

4. Hometown ········· 112

5. Accommodation ········· 126

6. Neighbours ········· 138

7. Friend ········· 152

8. Food ········· 166

9. Pets ········· 180

10. Reading ········· 194

11. Technology ········· 208

12. Email ········· 220

13. Television ········· 234

14. Film ········· 246

15. Clothes ········· 262

16. Weather ········· 276

17. Health ········· 288

18. Newspaper ········· 302

19. Music ········· 318

20. Transport ········· 332

本書の特長

📖 短文練習からスタート

IELTSのスピーキング技術を短時間で身につけるため、まずはよく出るテーマをもとにした短文練習から"英語を話す"訓練をスタートしましょう。

📖 実践重視型のレイアウトを採用、頻出テーマをすべてカバー

本番さながらの頻出テーマを網羅しています。この1冊でスピーキング対策が完成しますので、毎回集中して問題に取り組みましょう。

📖 1問1問を見開きで見やすく完結

試験官からの質問→模範解答→ポイント解説がページをまたがらずに1ページもしくは見開き2ページで完結しているため、学習しやすいレイアウトになっています。

📖 確実に7.0以上を取るための精選問題

自分の現在の力に＋1を足すアイデアが満載。実際に頻繁に問われる質問に慣れ、万全の準備をすることができます。

1問解くたびに実力アップ！

● Warming up

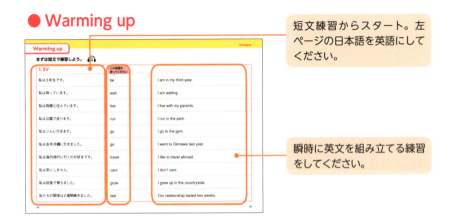

● Exercise Part1

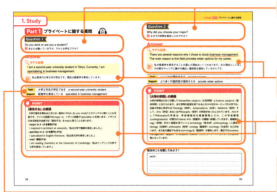

試験官からの質問です。

模範解答をチェックしましょう。

話の中軸となるキーワードを思い浮かべることが大切です。

Topic：主題文で伝えたいメッセージを簡潔にまとめます。
Support：支持文で主題文を支える理由や詳細を述べます。

● Exercise Part2

試験官からの質問です。

長めのスピーチとなるため、論理的に話す力を身に付けていきましょう。

● Exercise Part3

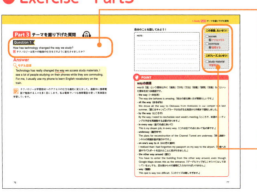

ここまでで話した内容を深掘りする質問がなされます。本書ではQuestionを4〜5つほど掲載していますが、試験本番は残り時間によってまちまちです。

知っておくと本番で使える語彙とフレーズも同時にチェックしましょう。

21

音声ダウンロード／ほぼリアル面接動画の視聴方法

音声ファイル無料ダウンロード (MP3ファイル)

　本書をお買い上げの方は、スピーキング力 を伸ばすネイティブ音声をご利用いただけます。以下の手順でダウンロードしてください。

手順

①インターネットで専用ウェブサイトにアクセス
DHC ホームページのトップ画面にある「IELTSスピーキング完全対策」の表紙画像をクリックしていただくか、下記のURLを入力、またはQRコードを読み取ってください。

　　　https://top.dhc.co.jp/shop/book/ieltsspeaking/

②ダウンロード開始（ZIPデータ）

内容
・Warming up編　　すべての英文（英語／ネイティブスピーカー）
・Exercise編　　　すべてのモデル回答（英語／ネイティブスピーカー）

無料特典：ほぼリアル面接動画 (YouTube)

Exercise編 1.Studyの内容をもとに動画を収録しています。本番の流れを映像でチェックしましょう。

手順

①インターネットで専用ウェブサイトにアクセス
DHC ホームページのトップ画面にある「IELTSスピーキング完全対策」の表紙画像をクリックしていただくか、下記のURLを入力、またはQRコードを読み取ってください。

　　　https://top.dhc.co.jp/shop/book/ieltsspeaking/

②YouTubeで視聴開始

IELTS Speaking

Warming up

Warming up

まずは短文で練習しよう。

1. SV	この単語を使ってください
私は3年生です。	be
私は待っています。	wait
私は両親と住んでいます。	live
私は公園で走ります。	run
私はジムに行きます。	go
私は去年沖縄に行きました。	go
私は海外旅行に行くのが好きです。	travel
私は気にしません。	care
私は田舎で育ちました。	grow
私たちの関係は2週間続きました。	last

Warming up

I am in my third year.

I am waiting.

I live with my parents.

I run in the park.

I go to the gym.

I went to Okinawa last year.

I like to travel abroad.

I don't care.

I grew up in the countryside.

Our relationship lasted two weeks.

2. SVC

この単語を使ってください

私はお腹が空いています。	be
私は忙しかったです。	be
私の学校は3時半に終わります。	be
音楽は重要です。	be
玄関に誰かいます。	be
庭に犬がいます。	be
私の祖母は若く見えました。	look
私の娘はちょうど20歳になりました。	turn
私の息子は有名になりました。	become
そのカップルは相変わらず幸せなままです。	remain

Warming up

I am hungry.

I was busy.

My school is over at three thirty.

Music is important.

There is someone at the door.

There is a dog in the garden.

My grandmother looked young.

My daughter just turned 20.

My son became famous.

The couple remains happy.

3. SVO

日本語	この単語を使ってください
私はピアノを弾きます。	play
私は英語の先生です。	teach
私は数学を勉強しません。	study
両親はフランス語を話します。	speak
私のいとこはスペイン語を話しません。	speak
私は新しい携帯電話が欲しいです。	want
私はあなたの援助に感謝します。	appreciate
私はたくさんお金を稼ぎました。	earn
私は質問に答えませんでした。	answer
私はタクシーに乗りました。	take

Warming up

I play the piano.

I teach English.

I don't study maths.

My parents speak French.

My cousin doesn't speak Spanish.

I want a new cell phone.

I appreciate your help.

I earned a lot of money.

I didn't answer the question.

I took a taxi.

4. SVOO

	この単語を使ってください
しばらく時間がかかりました。	take
5ポンドかかりました。	cost
長い時間かかりませんでした。	take
私は彼女に手紙を送りました。	send
私は彼にプレゼントをあげました。	give
私は彼に日本語を教えました。	teach
私の母が自転車を買ってくれました。	buy
私の犬は新聞を持ってきてくれます。	bring
私が言ったことを誰にも言わないでください。	tell
このパソコンのおかげで時間が省けました。	save

Warming up

It took me a while.

It cost me 5 pounds.

It didn't even take me a long time.

I sent her a letter.

I gave him a present.

I taught him Japanese.

My mother bought me a bicycle.

My dog brings me the newspaper.

Don't tell anyone what I said.

This computer saved me a lot of time.

5. SVOC

日本語	この単語を使ってください
私は犬をモモと名付けました。	name
私は髪の毛を切りました。	have
私の名前が呼ばれるのが聞こえました。	hear
私は赤ちゃんが泣いているのを見ました。	see
私は濃いコーヒーが好きです。	like
私は少し心地悪いと感じます。	find
動物は子どもを幸せにします。	make
この薬であなたが良くなるのを助けます。	help
それが私を狂わせました。	drive
レイチェルと呼んでください。	call

Warming up

I named my dog Momo.

I had my hair cut. *have＋物＋過去分詞

I heard my name called.

I saw a baby crying.

I like my coffee strong. *「薄い」はweak

I find it a bit uncomfortable.

Animals make children happy.

This medicine helps you get better.

It drove me crazy.

Please call me Rachel.

6. Present Simple / Present Continuous (現在形 / 現在進行形)

この単語を使ってください

私は怠け者です。	be
私は朝早く起きます。	get
私の両親はレストランを経営しています。	run
水は100度で沸騰します。	boil
地球は太陽の周りを回ります。	go
私はラジオを聞いています。	listen
私はシャワーを浴びています。	take
私の父は椅子に座っています。	sit
外は雨が降っています。	rain
人口が増えています。	increase

Warming up

I am lazy.

I get up early in the morning.

My parents run a restaurant.

Water boils at a hundred degrees Celsius.

The Earth goes around the Sun.

I am listening to the radio.

I am taking a shower.

My father is sitting on the chair.

It is raining outside.

The population is increasing.

7. Past Simple / Past Continuous （過去形 / 過去進行形）

この単語を使ってください

私はラッキーでした。	be
私は急いでいました。	be
私は本を読みました。	read
私は話すのをやめました。	stop
私はその物語を知りませんでした。	know
私は寝ていました。	sleep
私は大阪で働いていました。	work
私は写真を撮っていました。	take
私は聞いていませんでした。	listen
私はテレビを見ていませんでした。	watch

Warming up

I was lucky.

I was in a hurry.

I read a book.

I stopped talking.

I didn't know the story.

I was sleeping.

I was working in Osaka.

I was taking a picture.

I wasn't listening.

I wasn't watching TV.

8. Present Perfect / Past Perfect (現在完了形 / 過去完了形)

この単語を使ってください

私はフランスに行ったことがあります。	be
海外に行ったことがありません。	be
私は妻と知り合ってから3年になります。	know
そんなこと考えたことがありません。	think
私はこの薬を5年間ずっと飲んでいます。	take
私の妻は実家に帰りました。	go
ロンドンを訪れることがずっと夢でした。	be
私は彼女から借りた本を売りました。	borrow
私が生まれたとき両親は結婚して5年でした。	be married
彼は私に運転したことがあるか尋ねました。	ask, drive

Warming up

I have been to France. 経験

I have never been overseas.

I have known my wife for three years.

I have never thought about that.

I have been taking this medicine for five years.

My wife has gone to her parents' house.

It has been my dream to visit London.

I sold the books I had borrowed from her. 大過去

My parents had been married for 5 years when I was born.

He asked me if I had driven a car. 時制の一致

9. Future / Future Continuous (未来形 / 未来進行形)

	この単語を使ってください
私は後であなたに電話します。	call
私は結婚する予定です。	get married
私はタクシーに乗りません。	take
私は日記をつけないでしょう。	keep
私は明日祖母を訪ねます。	visit
私は今晩出発します。	leave
私は将来留学するつもりです。	study
鍵がどうしても回りません。	turn
ちょうど出かけようとしていました。	be about to
私はビーチで寝転んでいるでしょう。	lie

Warming up

I will call you later.

I will get married.

I won't take a taxi.

I won't keep a diary.

I am visiting my grandmother tomorrow.

I am leaving tonight.

I am going to study abroad in the future.

The key won't turn.

I was about to leave.

I will be lying on the beach.

10. Can / Be able to / May

この単語を使ってください

私は運転できます。	drive
私は泳げません。	swim
私はなぜなのか理解できません。	understand
私は余裕がありませんでした。	afford
私は傘を借りることができました。	borrow
それは本当のはずがありません。	be true
あなたは今出て行っても良いです。	leave
彼女は今夜来ないかもしれません。	come
あなたは少数派かもしれません。	be
私はそのようなことを言ったかもしれません。	say

Warming up

I can drive.

I can't swim.

I can't understand why.

I could not afford it.

I was able to borrow an umbrella.

It can't be true.

You may leave now.

She may not come tonight.

You might be in the minority.

I might have said something like that.

11. Should / Must / Have to

日本語	この単語を使ってください
私はスペイン語を学ぶべきです。	learn
私は会社を経営すべきではないです。	run
私は傘を持ってくればよかったです。	bring
私は食べるべきではありませんでした。	eat
試験は5時に終わるはずです。	end
私は仕事を探さなければなりません。	find
あなたは働く必要がありません。	work
私は今行かなければなりません。	go
あなたはタバコを吸ってはいけません。	smoke
あなたは医者に違いありません。	be

I should learn Spanish.

I should not run a company.

I should have brought an umbrella.

I should not have eaten.

The exam should end at 5 p.m.

I have to find a job.

You don't have to work.

I must go now.

You must not smoke.

You must be a doctor.

12. Infinitive (不定詞)

日本語	この単語を使ってください
私はパイロットになりたいです。	be
私は車を買いたいです。	buy
私は最善を尽くそうとしました。	try
私は試験に失敗しました。	pass
私の目標は試験に合格することです。	pass
私は今日何もすることがありません。	do
私は何をすれば良いのかわかりません。	do
私はまたあなたに会えて嬉しいです。	see
私は従姉妹に会うためにそこへ行きました。	see
私の祖父は100歳まで生きました。	be

Warming up

I want to be a pilot.

I want to buy a car.

I tried to do my best.

I failed to pass the exam.

My goal is to pass the exam.

I have nothing to do today.

I don't know what to do.

I am glad to see you again.

I went there to see my cousin.

My grandfather lived to be a hundred years old.

13. Gerund (動名詞)

	この単語を使ってください
私は本を読むのが好きです。	like
私は話し続けました。	keep
私は走ることを楽しみました。	enjoy
私は中国語を勉強し始めました。	start
私はあなたに会ったことを覚えています。	remember
私は貧しくなっても構いません。	mind
私はタバコを吸うのをやめました。	give up
私は新車を買うことを考えました。	consider
私はピアノを弾くことが得意です。	be good at
私は教師であることを誇りに思います。	be proud of

Warming up

I like reading books.

I kept talking.

I enjoyed running.

I started studying Chinese.

I remember seeing you.

I don't mind being poor.

I gave up smoking.

I considered buying a new car.

I am good at playing the piano.

I am proud of being a teacher.

14. Countable / Uncountable Noun (可算 / 不可算名詞)

私はパンを一切れ食べます。	この単語を使ってください	a slice of bread
私はワインを一本飲みました。		a bottle of wine
私はコーヒーを一杯飲みます。		a cup of coffee
私は家具を一つ買いました。		a piece of furniture
私は紙を一枚使います。		a sheet of paper
私にはたくさんの友人がいます。		a number of
2つ以上選びなさい。		more than
ページの上の方を見てください。		top of
私はその道の名前を知りません。		name of
私の友達の一人はパイロットです。		one of

Warming up

I eat a slice of bread.

I drank a bottle of wine.

I drink a cup of coffee.

I bought a piece of furniture.

I use a sheet of paper.

I have a number of friends.

Choose more than one.

Look at the top of the page.

I don't know the name of the street.

One of my friends is a pilot.

15. Adjective / Adverb (形容詞 / 副詞)

この単語を使ってください

ライティングはとても難しいです。	difficult
その質問はとても簡単でした。	easy
私はいつも独りで勉強します。	always
私はあなたに完全に賛成です。	totally
私は頻繁に水を飲みます。	frequently
私は特に動物に興味があります。	particularly
あの子は確実に一番可愛いです。	definitely
この部屋は美しくデザインされています。	beautifully
根本的には何も変わっていません。	fundamentally
授業料が劇的に上がりました。	dramatically

Warming up

Writing is really difficult.

The question was pretty easy.

I always study alone.

I totally agree with you.

I drink water frequently.

I am particularly interested in animals.

That girl is definitely the cutest.

This room is beautifully designed.

Nothing has changed fundamentally.

The tuition rose dramatically.

16. Preposition / Conjunction （前置詞/接続詞）

この単語を使ってください

私は工場で働いています。	in
私はテレビ局で働いています。	for
私はデパートで働いています。	at
私はベトナムから来た人々と働いています。	with
私は新しいビジネスに取り組んでいます。	on
私は夜中まで働きます。	until
私は学位を目指して努力しています。	toward
私は建築家として働いています。	as
私は素早く慎重に働きます。	and
私は一生懸命働いていますが貧乏です。	but

Warming up

I work in a factory.

I work for a TV station.

I work at a department store.

I work with people from Vietnam.

I am working on a new business.

I work until midnight.

I am working toward my diploma.

I work as an architect.

I work quickly and carefully.

I work hard but I am still poor.

17. Passive (受動態)

	この単語を使ってください
私は1989年に生まれました。	be born in
私は宇宙に興味があります。	be interested in
私はそのニュースに驚きました。	be surprised
私はそのニュースにワクワクしています。	be excited about
私はそのニュースにショックを受けています。	be shocked
富士山は雪に覆われています。	be covered with
プラスティックは油からできています。	be made from
この椅子は木材でできています。	be made of
この物語は事実に基づいています。	be based on
シェイクスピアは皆に知られています。	be known to

Warming up

I was born in 1989.

I am interested in the universe.

I was surprised at the news.

I am excited about the news.

I am shocked at the news.

Mt. Fuji is covered with snow.

Plastic is made from oil.

This chair is made of wood.

This story is based on facts.

Shakespeare is known to everyone.

18. Comparison (比較級)

	この単語を使ってください
私は父親と同じくらい背が高いです。	as tall as
私は父親と同じくらい速く走ります。	as fast as
私は父親ほど優しくないです。	as kind as
リサはステファニーより年上です。	be older than
私の車はあなたの車より高いです。	more expensive than
命より重要なものはありません。	Nothing ... than
教えれば教えるほど学びます。	the more, ... the more
家族の中で父親が最年長です。	be the oldest
この歌は最も人気がありません。	the least popular
インドがこれまで行った国の中で最高です。	the best ... ever

Warming up

I am as tall as my father.

I run as fast as my father.

I am not as kind as my father.

Lisa is older than Stephanie.

My car is more expensive than yours.

Nothing is more important than life.

The more you teach, the more you learn.

My father is the oldest in my family.

This song is the least popular.

India is the best country I've ever been to.

19. Relative Clause（関係代名詞）

日本語	この単語を使ってください
ここは私が生まれた街です。	where
ここは私が生まれた家です。	which ... in
ここは私が育った場所です。	in which
こうして私はエンジニアになりました。	how
私には医者の娘がいます。	who
私が結婚した女性は中国人です。	whom
私は『愛』というタイトルの本を持っています。	whose
私は彼女がなぜ怒っているのかわかりません。	why
私の言っていることがわかりますか？	what
テムズ川はロンドンを流れる川です。	which

Warming up

This is the town where I was born.

This is the house which I was born in.

This is the place in which I grew up.

This is how I became an engineer.

I have a daughter who is a doctor.

The woman to whom I am married is Chinese.

I have a book whose title is *Love*.

I don't know why she is angry.

Do you know what I mean?

The Thames is the river which flows through London.

20. Subjunctive Mood (仮定法)

	この単語を使ってください
私があなたみたいになれたらいいのに。	wish
私がドイツ語を話せたらいいのに。	wish
彼女に話しかけておけば良かったのに。	wish
もしお金があったら、新しい車を買うのに。	had
もし答えを知っていたら、教えていたのに。	knew
もし私が鳥だったら、あなたに糞を落とすでしょう。	were
もし私がお金持ちだったら、働かないでしょう。	were
もし僕が君だったら、同じことをしていたでしょう。	were
もし何かあったら、すぐに電話してください。	should
あなたの助けがなかったら、終わらなかったでしょう。	without

Warming up

I wish I could be like you.

I wish I could speak German.

I wish I had talked to her.

If I had money, I would buy a new car.

If I had known the answer, I would have told you.

If I were a bird, I would shit on you.

If I were rich, I would not work.

If I had been you, I would have done the same.

Should anything happen, call me at once.

Without your help, I would not have finished.

テスト本番のPart1 → Part2 → Part3の流れと注意点

E：Examiner（試験官）／ C：Candidate（受験者）

Part1
挨拶に始まり、一般的な話題に関する簡単な質疑応答

E：**Good afternoon. My name is Stuart Atkin. Can I have your name, please?**

C：My name is Koki Shimazu.

E：**Thank you. And can I see your passport, please? Thank you. Now in part one, I'm going to ask you some questions. Let's talk about your job. What do you do?**

C：I'm a librarian. I work at……

＊このあと質疑応答が続きます。

Part2
与えられた話題について、ひとりで1〜2分間のトークをします。

E：**Now, I'd like you to talk about a topic for one to two minutes. Before you talk, you have one minute to make notes. Here's some paper and a pencil and here's your topic. Please describe a memorable event at school.**

> Describe a memorable event at school.
>
> You should say:
>   what the event was
>   when it was
>   what you learned from this experience
> and explain why you remember it.

E : Okay? I'd like you to speak for one to two minutes. I'll tell you when your time is up. Please start speaking now.

C : Well, I have tons of precious experiences from my school days……

Part3

主にPart2に関する話題についてディスカッションをします。

E : You've been talking about your school days, and I'd like to discuss this topic with you by asking some general questions about it. How has technology changed the way we study?

C : Technology has really changed the way we access study materials……

■ 質問が聞き取れないとき、わからないとき

・Can you say that again, please?
（もう一度、おっしゃってくださいますか？）

・Could you repeat the question, please?
（もう一度、質問をしていただけますか？）

・Once more, please.
（すみません、もう一度お願いします）

・I'm not sure what you are asking.
（何を質問されているのか分かりません）

・I'm not sure exactly what you mean.
（おっしゃる意味がよく分かりません）

65

■ 言葉が見つからないとき

- I can't remember the word I'm looking for.
  （言いたい言葉が思い出せません）
- Oh, it's slipped my mind.
  （おっと、ど忘れしてしまいました）
- Oh, I can't think of the word.
  （ああ、言葉が思い出せません）

■ 考える一瞬がほしいとき
※あまり使いすぎるとよくありませんが、1〜2回なら構いません

- Let me think.
  （考えさせてください）
- That's an interesting question.
  （面白い質問です）

■ ほかの言葉で言い換えるとき

- It's a bit like……
  （それは……のような感じです）
- You know, a kind of……
  （ご存じのとおり、……のようなものです）

■ 複雑な話題を避け、ほかの話題に持っていくとき

- Well anyway, ……
  （えっと、それはさておき……）
- As I was saying, ……
  （さっきまで話していたとおり……）
- Oh, never mind, ……
  （おっと、それは放っておいて……）

66

IELTS Speaking

Exercise

1. Study

Part 1 プライベートに関する質問

Question 1

Do you work or are you a student?

訳 あなたは働いていますか、それとも学生ですか？

Answer

🔍 **モデル回答**

I am a second-year university student in Tokyo. Currently, I am <u>specialising in</u> business management.

 私は東京の大学2年の学生です。現在は経営学を専攻しています。

Topic	大学2年生の学生である　a second-year university student
Support	経営学を専攻している　specialise in business management

💡 POINT

「専攻する」の表現

　大学の専攻を尋ねるときには一般的にWhat do you study?とカジュアルに聞くことも可能です。アメリカ英語ではmajor in、イギリス英語でspecialise inを使います。イギリスのある特定の地域では「専攻する」をreadと言うこともあります。

- **major in A**（Aを専攻する）
  I majored in architect at university.「私は大学で建築を専攻しました。」
- **specilise in A**（Aを専門とする）※アメリカ英語はspecialize
  I specialised in English literature.「私は英文学を専攻しました。」
- **read**（専攻する）
  I am reading chemistry at the University of Cambridge.「私はケンブリッジ大学で化学を専攻しています。」

1. Study Part 1 プライベートに関する質問

Question 2

Why did you choose your major?
訳 なぜその学問を専攻したのですか？

Answer

🔍 モデル回答

There are several reasons why I chose to study business management. The main reason is this field provides wider options for my career.

訳 私が経営学を専攻することを選んだ理由はいくつかあります。主な理由としてはこの分野がキャリアに繋がる幅広い選択肢を提供しているからです。

| Topic | いくつかの理由がある　several reasons |
| Support | より多くの選択肢が提供される　provide wider options |

💡 POINT

「大学の学問」の表現

大学の学問は大きく分類してHumanities subjects（文系学問）とScience subjects（理系学問）に分けられます。また学問の起源を見てみると元々中世のヨーロッパの大学では、伝統4学部と呼ばれるTheology（神学）、Jurisprudence（法学）、Medicine（医学）そして、Arts（学芸）あるいはPhilosophy（哲学）の学部があったとされています。ArtsそしてPhilosophyの学部は、学部横断的な基礎課程とされ、この学部課程（undergraduate）が現代のLiberal Arts（教養学）の課程へ影響していきます。接尾辞のlogy（学問）が付く単語を見ていくとarcheology（考古学）anthropology（人類学）biology（生物学）philosophy（哲学）zoology（動物学）sociology（社会学）などがあります。また私の趣味でもあるetymologyは（語源学）を意味します。最近ではbusiness management（経営学）やcomputer science（コンピューターサイエンス）が人気の学問となっています。

自分のことを話してみよう！

NOTE：

69

Question 3

Do you prefer to study alone or with your friends?

訳 あなたは一人で勉強するのが好きですか、友達と勉強するのが好きですか?

 モデル回答

In my personal opinion, I would like to study alone in a cozy place, because I <u>get</u> easily <u>distracted</u>.

 個人的な意見としては、こぢんまりした場所で一人で勉強するのが好きです。私はすぐに気が散ってしまうからです。

Topic	一人で勉強するのが好き　like to study alone
Support	気が散るから　get distracted

POINT

get＋過去分詞の表現

- **get distracted（気が散る）**
  I don't want to get distracted when I am studying.「勉強しているときには気を散らしたくないです。」
- **get stressed（ストレスを感じる）**
  I always get stressed when people around me make noise.「私は周りの人がうるさくするとストレスを感じます。」
- **get accepted（合格する）**
  I got accepted into Harvard University.「ハーバード大学に合格しました。」
- **get involved（関わる）**
  I got involved in the industry since that day.「あの日からその産業に関わるようになりました。」
- **get infected（感染する）**
  I got infected with influenza when I was 7 years old.「7歳のときにインフルエンザに感染しました。」

Question 4

Do you prefer to study in the morning or in the afternoon?

 あなたは朝勉強するのが好きですか、それとも午後勉強するのが好きですか？

Answer

🔍 モデル回答

I definitely love to work in the morning. Morning is the best time to concentrate and be productive.

 もちろん朝に仕事をするのが好きです。集中して生産的になるには朝が最適です。

Topic	朝仕事をするのが好き　love to work in the morning
Support	集中して生産的になるには最適な時間 best time to concentrate and be productive

💡 POINT

「朝に仕事するのが好きな理由」として使える表現

- It is calm and quiet in the morning.「朝は穏やかで静かです。」
- I am not a night owl.「夜型の人間ではない」＊「朝型の人間」はan early birdです。
- It's stressful to have a lot of work left over in the evening.「夕方にやることがたくさん残っているとストレスがたまります。」
- I can get a lot done while the rest of the world is sleeping.「世間の他の人々が寝ているときにたくさんのことを終わらせられる。」

自分のことを話してみよう！

NOTE：

Question 5

What are you going to do after you graduate from university?

訳 大学を卒業してから何をするつもりですか?

Answer

🔍 モデル回答

I don't have a concrete plan for my future. However, I hope to get involved in the gaming industry because Japan is advanced in this area and I am particularly interested in creating games.

将来の具体的な計画はありません。しかし、日本はゲーム領域において進んでいますし、私自身も特にゲームを作ることに興味があるのでゲーム業界に関わりたいと願っています。

Topic	具体的な計画はない　no concrete plan
Support	ゲーム業界に関わりたい　get involved in the gaming industry

💡 POINT

「将来の夢」の表現

将来の夢や目標を尋ねられたときには必ずしも具体的な夢を回答する必要はありません。以下のような汎用性の高い表現を用いて2〜3文で回答するように心がけましょう。

- I don't have a concrete plan for my future.「将来の具体的な計画はありません。」
- I want to contribute to the growth of the gaming industry.「ゲーム業界の発展に貢献したいです。」
- I hope to be able to join one of the prestigious companies in Japan.「日本の有名企業に入ることができればと思います。」
- It's difficult to say for sure where I'll be in ten years' time.「10年後の自分がどうなっているか断言するのは難しいです。」

1. Study Part1 プライベートに関する質問

自分のことを話してみよう！

NOTE:

Part 2 指定されたテーマについてのスピーチ

Question

Describe a memorable event at school.

You should say:
- what the event was
- when it was
- what you learned from this experience

and explain why you remember it.

訳

学校での記憶に残る行事について述べてください。
以下のことについて話してください：
- ・何の行事か
- ・その行事はいつあったか
- ・その経験から何を学んだか

そしてなぜ記憶に残ったのか説明してください。

Answer

モデル回答

I have tons of precious experiences from my school days. One of my clearest memories is of the graduation ceremony at my high school. Everyone was dressed so smartly, the school buildings were cleaned and decorated beautifully, and there was a feeling of excitement in the air. Although it was so sad to say goodbye to my friends, it made me determine that I needed to move on. More than a decade's worth of schooling was over, and I was ready to start the next stage of my life. In the latter part of the graduation ceremony, I recalled my fulfilled school life, and then I realised my teachers' contributions and dedication were what made me who I was at that time. I felt privileged to be able to graduate from my high school and to have been educated in the best environment in the world.

1. Study Part2 指定されたテーマについてのスピーチ

> **訳** 私は学校生活においてたくさんの経験をしました。最も鮮明な思い出の一つは高校の卒業式です。皆がきちんとした服装で、学校は清掃され綺麗に装飾され、ワクワクする感覚に包まれていました。友達とお別れするのは悲しかったのですが、そのことがどんどん前に進んでいかなきゃと背中を押してくれました。10年以上に値する学校生活が終わり、人生の次のステージを始める準備ができていました。卒業式の後半部分では、満たされた学校生活を思い出し、その時私は先生方の貢献や献身が今の私を作ったのだと気づきました。私は高校を卒業できたことと世界でも最高な環境で教育を受けられたことを光栄に思います。

この単語、たいせつ！
- ☐ schooling
  - 名 学校教育
- ☐ fulfilled
  - 形 満たされた
- ☐ privileged
  - 形 光栄で

このフレーズ、たいせつ！
- ☐ tons of
  - たくさんの
- ☐ move on
  - 先へ進む

POINT

「記憶」の表現

- **recall**（努力して記憶を呼び起こす）
  It is difficult to recall something that you learned 10 years ago. 「10年前に学んだことを思い出そうとするのはとても難しいです。」

- **memorise**（記憶する）
  I am bad at memorising English vocabulary. 「英単語を覚えるのが苦手です。」 *アメリカ英語はmemorize

- **learn A by heart**（遺伝子にすりこまれるほどAを暗記する）
  Children learn the alphabet by heart at school. 「子どもは学校でアルファベットを暗記します。」

- **remember**（過去のことを覚えている、思い出す）
  I still remember the days in Australia. 「今でもオーストラリアでの日々を覚えています。」

- **to the best of my memory**（私の記憶の限りでは）
  To the best of my memory that supermarket is still there. 「私の記憶の限りでは、スーパーはまだそこにあります。」

- **slip my mind**（うっかり忘れる）
  The name of the bird has completely slipped my mind. 「その鳥の名前は完全に忘れてしまいました。」

- **on the tip of one's tongue**（思い出せそうで思い出せない）
  His name is on the tip of my tongue. 「彼の名前は思い出せそうで思い出せません。」

75

Part 3 テーマを掘り下げた質問

Question 1

How has technology changed the way we study?
訳 テクノロジーは我々の勉強の仕方をどのように変化させましたか?

Answer

🔍 **モデル回答**

Technology has really changed <u>the way</u> we access study materials. I see a lot of people studying on their phones while they are commuting. For me, I usually use my phone to learn English vocabulary on the train.

訳 テクノロジーは学習教材へのアクセスの仕方を劇的に変えました。通勤中に携帯電話で勉強する人々を多く目にします。私は電車でいつも携帯電話を使って英単語を学習しています。

自分のことを話してみよう！

NOTE:

この単語、たいせつ！
- ☐ access
  動 アクセスする
- ☐ commute
  動 通勤する

このフレーズ、たいせつ！
- ☐ study material
  学習教材

POINT

wayの表現

wayは「道」という意味以外に「進路」「方向」「方法」「距離」「習慣」「流儀」などといった意味を持つ多義語です。

- **the way（〜の仕方）**
  The way she behaves is amazing.「彼女の振る舞い方が素晴らしいです。」
- **all the way（はるばる）**
  We drove all the way to Okinawa from Hokkaido in our camper van last summer.「夏にはキャンピングカーではるばる北海道から沖縄まで運転しました。」
- **by the way（ところで）**
  By the way, I need to reschedule next week's meeting.「ところで、来週のミーティングの予定を再調整する必要があります。」
- **in every way（全ての点において）**
  This is my dream job, in every way.「これは全ての点において私の夢です。」
- **on one's way to A（Aに行く途中）**
  I realised that I had forgotten my passport on my way to the airport.「空港への道中でパスポートを忘れたことに気が付きました。」
- **the other way around（逆に）**
  You have to enter the building from the other way around, even though Google Maps shows this as the entrance.「グーグルマップがここを入り口として示しているとしても、反対側からその建物に入らなければいけません。」
- **way（強調）**
  This quiz is way too difficult.「このクイズは難しすぎます。」

Question 2

What subject is the most important for students to study?

訳 どの教科が生徒にとって最も重要ですか？

Answer

🔍 モデル回答

The skills needed in today's society have changed as compared to a few decades ago. Where the industrial age brought us mechanisation and a decreased need for human interaction in the production process, the computer age has created millions of niche professions previously unimagined. Students need to be able to flexibly adapt themselves to ever-changing environments. Who even knows what kind of skills will be required in 10, 20 years' time? So I think skills-based subjects are more important than traditional subjects.

訳 数十年前と比べて今日の社会で必要とされる能力は変化しました。産業化の時代が機械化をもたらし、生産過程における人間のやり取りの必要性を減らした場所では、コンピュータの時代によって、以前には想像もされなかった大量の隙間産業が創り出されました。生徒は変化の激しい環境に柔軟に適応する必要があります。どんな能力が10年後、20年後に求められるのか、誰がわかるのでしょう？ だから私は実戦的な科目のほうが従来の科目より重要だと思います。

1. Study `Part3` テーマを掘り下げた質問

自分のことを話してみよう！

NOTE:

この単語、たいせつ！

☐ mechanisation
(名) 機械化

☐ niche
(名) ニッチ

☐ unimagined
(形) 想像されたことのない

☐ flexibly
(副) 柔軟に

☐ adapt
(動) 適応する

このフレーズ、たいせつ！

☐ human interaction
人間のやり取り

☐ ever-changing environments
変化の激しい環境

☐ skills-based subjects
実戦的な科目

☐ traditional subjects
従来の科目

💡 POINT

（学校の学問）の名称

日本の学習指導要領における5教科は主要な5つの授業科目の総称です。小学校では Japanese（国語（日本語））arithmetic（算数）science（理科）social studies（社会）English（英語）、中学校になると算数が maths（数学）となり社会や理科も history（歴史）geography（地理）civics（公民）chemistry（化学）physics（物理）earth science（地学）となります。その他にも ethics（倫理）physical education（P.E.）（体育）health（保健）home economics（家庭科）arts（美術）music（音楽）computer science（情報）も覚えておきましょう。インターナショナルスクールや海外の学校では philosophy（哲学）や psychology（心理学）などを学ぶこともあります。

79

Question 3

What are the advantages and disadvantages of online learning?

訳 オンライン学習の利点と不利点は何ですか？

Answer

🔍 モデル回答

The benefit of online learning is that you can learn anything wherever you might be in the world. The downside of online learning is that the dropout rate of courses is around 94%. Online courses require self-discipline and self-direction, which not everyone has.

訳 オンライン学習の利点は世界中のどこにいても何でも学べることです。オンライン学習の不利点は離脱率が約94％であることです。オンラインコースは自制心と主体性が求められますが、それは誰もが持っているわけではありません。

1. Study Part3 テーマを掘り下げた質問

自分のことを話してみよう！

NOTE：

この単語、たいせつ！

☐ downside
　名 不利点
☐ require
　動 求める

このフレーズ、たいせつ！

☐ dropout rate
　離脱率
☐ self-discipline and self-direction
　自制心と主体性

 POINT

「利点」の表現

- **benefit**（利点、利益）
  I found the benefit of learning English.「英語を学ぶことの利点を見つけました。」
- **advantage**（利点）
  Living in a large city has many advantages.「大都市に住むことには多くの利点があります。」
- **merit**（メリット）
  We discussed the merits of using tablet computers in the classroom.「私達は教室内でタブレットPCを使うことのメリットについて議論しました。」
- **positive aspect**（肯定的な側面）
  One positive aspect of remote learning is flexibility.「遠隔学習の肯定的な側面の1つは柔軟であることです。」

81

Question 4

Is life-long learning becoming popular?

訳 生涯学習は人気になりつつありますか？

Answer

モデル回答

The advent of technological innovation has dramatically changed our way of learning. 30 years ago, the idea of being able to find learning materials online would have been unimaginable. Online learning enables us to learn anywhere, anytime. However, since the learning environment is not observed or managed by teachers like in traditional classrooms, people with less self-discipline might have some difficulties in fully concentrating on their courses, or even seeing them through to the end. Indeed there are both pros and cons of online learning, but it would not be an exaggeration to say that online learning contributes to what we call life-long learning.

訳 技術革新によって我々の学び方は劇的に変わりました。30年前、オンラインで学習教材を見つけることができるとは想像できませんでした。オンライン学習はいつでもどこでも学ぶことを可能にします。しかし、以前のように、教室の中で教師により監督、または管理されない学習環境では、自制心がない生徒は授業にしっかり集中することが難しかったり、また最後まで課題を終えることさえできないかもしれません。もちろんオンライン学習には長所と短所がありますが、それが生涯学習というものに貢献すると言っても過言ではありません。

1. Study Part 3 テーマを掘り下げた質問

自分のことを話してみよう！

NOTE：

この単語、たいせつ！

☐ advent
  名 出現
☐ unimaginable
  形 想像できない
☐ observe
  動 観察する
☐ exaggeration
  名 過言

このフレーズ、たいせつ！

☐ self-discipline
  自制心
☐ pros and cons
  賛否両論
☐ life-long learning
  生涯学習

 POINT

「苦労する」の表現

- **take pains（骨が折れる、苦労する）**
  I took great pains in educating my daughter.「娘を教育するのに苦労しました。」
- **have difficulty (in) doing（苦労する）**
  I have great difficulty in taking care of my daughter.「娘の世話をするのにとても苦労しています。」
- **have trouble (in) doing（苦労する）**
  My grandmother has trouble understanding what I do as a business.「私の祖母は私がしている仕事について理解するのに苦労しています。」
- **struggle（悪戦苦闘する）**
  Many people are struggling with their given environments.「多くの人は自分たちが置かれている状況に苦労しています。」
- **suffer from A（Aに苦しむ）**
  My sister is suffering from her illness.「私の妹は病気に苦しんでいます。」

2. Work

Part 1 プライベートに関する質問

Question 1

Do you work or are you a student?

訳 あなたは働いていますか、それとも学生ですか？

Answer

🔍 **モデル回答**

I have just started working at an IT company in Osaka. The office is located close to the station so it is very convenient to commute.

 私はちょうど大阪のIT会社で働き始めました。会社は駅の近くにあるので通勤に便利です。

Topic	IT会社で働き始めた　started working at an IT company
Support	駅に近い　located close to the station

💡 **POINT**

「仕事」の表現
- **work**（努力が伴う仕事）
  Everybody's work is nobody's work「みんなの仕事はやり手がいません。＝だれにも責任がなくなる《諺》」
- **job**（職業としての仕事）
  I hope to get a steady job.「安定した職に就きたい。」
- **occupation**（訓練を受けた職業）
  Fishing is a good occupation.「漁業は立派な仕事です。」
- **calling**（使命的で重要な仕事）
  Helping poor people is my calling.「貧しい人々を助けることが使命です。」
- **profession**（専門的な仕事）
  I left the teaching profession in 2010.「2010年に教職を辞めました。」
- **vocation**（使命感のある仕事）※vocの語源は「声」
  Teaching is my vocation.「教えることが私の天職です。」

Question 2

Why did you choose your job?
 なぜその仕事を選んだのですか？

Answer

🔍 モデル回答

To be honest, when I was at university I didn't know what I really wanted to do. So I randomly applied to several well-known companies.

 正直、大学生のときは何をしたいのか分かりませんでした。なのでいくつかの有名な会社に適当に申し込みました。

Topic	何をしたいか分からなかった　didn't know what I really wanted to do
Support	有名な会社に申し込んだ　applied to well-known companies

💡 POINT

前置詞のinとatの表現

＊inとatの違いはイメージで覚えましょう。inはある空間の中で、例えばin the library「図書館で」やin Japan「日本で」、in a month「1ヶ月以内で」をイメージしましょう。atは一つの目標や場所や時間に向かって焦点をあてている点のイメージです。aim at A「Aを狙う」やat the station「駅で」、at once「一度に」をイメージしましょう。

自分のことを話してみよう！

NOTE:

Question 3

What don't you like about your job?
訳 仕事に関して好きではないことは何ですか？

Answer

🔍 モデル回答

My work tends to be monotonous. Sometimes, <u>all I have to do is</u> crunch the numbers and move chairs for meetings. But I understand that it is important to experience these things at this stage of my life.

訳 仕事が単調になりがちな点です。時に、私がやらなければならないことが、数を計算したり会議のために椅子を移動したりするだけのこともあります。ですが人生の今の段階でこのようなことを経験することは重要であることを理解しています。

Topic	単調になりがち　tend to be monotonous
Support	計算したり椅子を動かしたりする　crunch the numbers and move chairs

💡 POINT

allの表現

「全て」という印象が強いallですが、「だけ」というニュアンスもあるので注意。

- **All S have to do is do（しなければならないことは〜だけです）**
  All I have to do is to get married soon.「私がやらなければならないことは結婚することだけです。」
- **All S can do is do（できることは〜だけです）**
  Having a little money in her purse, all she can do is to give up buying an expensive wallet.「お財布にほとんどお金が残っていないので、彼女にできることは高価なお財布を購入するのを諦めることだけです。」
- **All S need is A（あなたが必要とする全てものはAです）**
  All you need is love.「愛こそはすべて」＊ビートルズの名曲
- **after all（結局）**
  I don't think we're suited for each other after all.「結局私達はお互いに合っているとは思いません。」
- **above all（何よりも）**
  Above all I need to look after my children.「何よりも子どもの世話をする必要があります。」
- **all things considered（概して）**
  All things considered, changing my career was the best option for me.「概して、自分のキャリアを変えたことが私にとっての最善の選択でした。」

86

2. Work Part1 プライベートに関する質問

Question 4

What is unique about your company?
訳 あなたの会社のちょっと変わった点は何ですか？

Answer

🔍 モデル回答

One unique and interesting aspect of my company is that we have an annual BBQ party at the CEO's house. It's a good opportunity to meet and <u>chat with</u> people who we never get a chance to interact with otherwise.

訳 私の会社のちょっと変わった点であり興味深い点の1つはCEOの自宅で毎年バーベキューパーティーをすることです。一度も関わるチャンスがなかった人と会ったり会話をしたりする良い機会です。

Topic	バーベキューをすること　have a BBQ
Support	人と会ったり会話したりする良い機会 a good opportunity to meet and chat with people

 POINT

「交流をする」の表現

どの表現も動詞のあとはwithが続きます。chatは日常会話、talkは会話一般的という意味の違いがあります。interactは会話だけではない、人との関わり全体を表す動詞です。

- **chat with A**（Aとカジュアルにおしゃべりをする）
  During lunch breaks, I enjoy chatting with my colleagues.「昼休みは同僚とおしゃべりを楽しみます。」
- **talk with A**（Aと一般的な会話をする）
  I don't want to talk with you anymore.「もうあなたとは話したくありません。」
- **interact with A**（Aと交流をする）
  Networking is all about interacting with people around you.「人脈づくりとは、あなたの周りにいる人々と交流することが全てです。」
- **mingle with A**（Aと交わる）
  I would like to mingle with someone from an Islamic countries.「イスラム教の国の人と交わりたいです。」

Part 2 指定されたテーマについてのスピーチ

Question

DL 25

Describe a job that you think will be important in the future.

You should say:

what the job is

what kind of qualifications are needed

how this job contributes to society

and explain why you think this job will be important.

訳

将来重要になると思う職業について述べてください。

以下のことについて話してください：

・その職業は何か

・どんな種類の資格が必要であるか

・どのようにその職業が社会に貢献するか

そしてなぜこの職業が重要になると思うか説明してください。

Answer

モデル回答

I believe artists are one of the jobs that won't be replaced by robots in the future. This is because I think that this is a field where accuracy and endurance won't be needed as much as creativity and critical thinking. It is an artist's job to produce something that no one in the world has made before and in order to do so, you at least need to have the general knowledge and common sense that you can get by obtaining a bachelor's degree. In addition, I think that it is important that artists and designers improve their IT literacy, so that they are able to create new kinds of artworks. Since creativity is needed to change the ubiquitous fixed understandings that most people in the world have, needless to say, artists would remain crucial not only for society in the given moment, but they could also contribute to the education of the people in later generations.

2. Work Part2 指定されたテーマについてのスピーチ

訳 芸術家は将来ロボットに置き換えられることのできない職業の1つであると信じています。これは正確さや忍耐が創造性や批判的思考力ほどは求められない分野であると思っているからです。これまで誰も作ってきてない何かを生み出すことが芸術家の仕事であり、それをするためには大学の学位を取得することで得られる一般的な知識や一般常識が最低限必要になると思います。また、芸術家や、デザイナーがITスキルを磨くことは、新しい種類の芸術品を生み出すために重要だと思います。創造性は世界中のほとんどの人が持っている至る所に存在する凝り固まった概念を変える必要があるため、どんなときでも社会だけでなく、次の世代の人々のための教育に貢献するためにも芸術家が重要であり続けるということは言うまでもありません。

自分のことを話してみよう！

NOTE:

この単語、たいせつ！
- [ ] accuracy
  - 名 正確さ
- [ ] endurance
  - 名 忍耐
- [ ] obtain
  - 動 取得する
- [ ] ubiquitous
  - 形 至るところにある
- [ ] fixed
  - 形 凝り固まった

このフレーズ、たいせつ！
- [ ] critical thinking
  - 批判的思考
- [ ] common sense
  - 一般常識
- [ ] bachelor's degree
  - 学士号
- [ ] needless to say
  - 言うまでもなく

POINT

「知識」の表現
- have expertise in A（Aの専門知識を持っている）
- have a general knowledge（一般知識がある）
- gain knowledge and insight（知識と洞察力を得る）
- have intimate knowledge of A（Aに精通している）
- have only superficial knowledge（表面的な知識しか持っていない）
- have abundant knowledge and experience（豊富な知識と経験を持っている）

Part 3 テーマを掘り下げた質問

Question 1

What kind of companies are popular in your country?
訳 あなたの国ではどのような会社が人気がありますか?

Answer

モデル回答

In Japan, companies with well-known names are popular amongst graduating students. The car industry is especially popular, since most of these companies are global companies. Although graduates enter these industries based on the company's brand recognition, and with the hope that they could stay in that company for as long as they can, the number of people who quit their job within the first three years has been rising in recent years.

訳 日本では、よく知られている名前の会社が卒業を控える学生の間で人気です。自動車産業が特に人気で、ほとんどがグローバルな企業だからです。会社のブランド認知に基づいて、またできるだけ長くその会社に勤めることを願って、卒業生はこれらの産業に入っていきますが、最初の3年以内に仕事を辞める人の数は近年増えてきています。

2. Work Part3 テーマを掘り下げた質問

自分のことを話してみよう！

NOTE：

このフレーズ、たいせつ！

- [ ] within the first three years
  最初の3年以内に
- [ ] graduating students
  卒業を控える学生
- [ ] brand recognition
  ブランド認知
- [ ] quit the job
  仕事を辞める

POINT

「有名」の表現

famousの語源は皆がfam（話す）から「有名」となりました。反意語はinfamous「悪名高い」でアクセント注意です。fameは「名声」です。またinfantはin（否定）＋fan（話す）から「幼児」という意味になりました。

- **famous**（有名な）
  My country is famous for its technology.「私の国はテクノロジーで有名です。」
- **well-known**（よく知られている）
  People trust well-known companies over unknown ones.「人々は無名のものよりよく知られている会社を信用します。」
- **notorious**（悪名高く有名な）
  This company is notorious for low wages.「その会社は低賃金で有名です。」
- **noted**（特定の分野で有名な）
  He is a noted businessman in the field of IT.「彼はIT業界で有名なビジネスマンです。」
- **renowned**（名高く有名な）
  This place is renowned for wine industry.「この場所はワイン産業で有名です。」
- **reputable**（評判が良いと知られている）
  This is a highly reputable restaurant in our city.「これが私達の街でとても評判のレストランです。」
- **distinguished**（名高く造詣（ぞうけい）深い）
  The professor is distinguished for his knowledge of linguistics.「その教授は言語学の造詣が深いです。」

Question 2

What do people prioritise when they choose their work?

訳 職業を選ぶとき、人は何を優先しますか？

Answer

モデル回答

Many people believe that making money is important, but having a great passion for your work is even more important. On the other hand, there are people who want to earn a lot of money due to their financial background. But my personal priority is to find a job that fits my interests and passion.

訳 多くの人はお金を稼ぐことが大事だと思っていますが、自分の仕事に対して大きな情熱を持つことの方がずっと重要です。一方で、経済的背景のために多くのお金を稼ぎたがる人がいます。しかし、私の個人的な優先事項は私の興味と情熱に合致する仕事を見つけることです。

2. Work Part3 テーマを掘り下げた質問

自分のことを話してみよう！

NOTE：

このフレーズ、たいせつ！

- [ ] on the other hand
  一方で
- [ ] earn a lot of money
  多くのお金を稼ぐ
- [ ] financial background
  経済的背景
- [ ] my personal priority
  私の個人的な優先事項
- [ ] fit my interests and passion
  興味と情熱に合致する

POINT

「理由・原因」の表現

後ろに続くのは名詞句であり、節は続けないので注意。thanks to は好意的なニュアンスが強い。

- **due to A（Aのせいで）**
  Due to the heavy rain, the train has been delayed.「大雨のせいで電車が遅れています。」
- **because of A（Aが原因で）**
  Because of the rain, the BBQ has been canceled.「雨のせいでバーベキューはキャンセルされました。」
- **owing to A（Aによって）**
  Attendance was scarce, owing to the fact that invitations have only been sent to limited people.「招待状が限られた人々にしか送られなかったことによって、参加率は低かったです。」
- **thanks to A（Aのおかげで）**
  Thanks to the scholarship I received from the fund, I was able to study abroad in the UK for two years.「基金から奨学金をもらえたおかげで、イギリスで2年間勉強することができました。」

Question 3

Why do you think some jobs are making a lot of money?

訳 たくさんのお金を生み出す仕事があるのはなぜだと思いますか？

Answer

モデル回答

I believe that people who have professions that require special skills earn a lot of money. This is due to the relatively broad contribution of these roles to society. Take a doctor, or an engineer, for example. The service that each of these people provides is invaluable to us. You can't have a healthy, functioning society without people to look after citizens when they are sick, or people to build and design the basic infrastructures. So we compensate these kind of jobs, which do require lengthy training and many sacrifices, with higher wages.

訳 特別なスキルを必要とする専門職を持つ人々は多くのお金を稼ぐと思います。これは、その職業の社会で担う役割が比較的広範囲に寄与しているからです。医者やエンジニアを例に取ってみましょう。これらの職業の人々が提供するサービスは私たちにとってかけがえのないものです。市民が病気の時に世話をする人々や、基本的なインフラを設計し建築する人々なしでは、健全で機能的な社会はあり得ません。なので、長期間の訓練やたくさんの犠牲を要するこのような種類の職業を、私たちはより高い給料で補償するのです。

2. Work Part3 テーマを掘り下げた質問

自分のことを話してみよう！

NOTE：

この単語、たいせつ！

- ☐ profession
  (名) 専門職
- ☐ relatively
  (副) 比較的
- ☐ invaluable
  (形) かけがえのない
- ☐ compensate
  (動) 補償する
- ☐ sacrifice
  (名) 犠牲

このフレーズ、たいせつ！

- ☐ require lengthy training
  長期間の訓練を要する

POINT

「例を挙げるとき」の表現

- **let's say（例えば）**
  Let's say you have a well-paid job.「あなたが給料の良い仕事に就いているとしましょう。」
- **let's suppose（仮に〜とすると）** ＊let's say より堅い表現
  Let's suppose you are a student.「あなたが仮に生徒だとしましょう。」
- **for instance（例えば）**
  Masato often forgets things. For instance, he forgot that he had an important meeting last Monday.「マサトは物忘れをよくします。例えば、先週の月曜日に重要なミーティングがあることを忘れていました。」
- **to name a few（いくつか例を出すと）**
  There are many dead languages, Latin and Ancient Greek, to name a few.「たくさんの死語があります。いくつか例を出すと、ラテン語や古代ギリシャ語です。」
- **such as A（Aのように）**
  Countries such as France or Italy are known for their brand-name shops.「フランスやイタリアのような国はブランド店で有名です。」

Question 4

Why do some people choose to work in a local company?

訳 地元の会社で働くことを選ぶ人がいるのはなぜですか？

Answer

🔍 モデル回答

I believe that this is because they want to contribute more to their hometown. By choosing to stay and work where they grew up, they can be close to their family and since the familiarity with the town is high, it is more comfortable for them to live there. There is also the idea of being able to pay the community back for what they have received. Especially in less-populated areas, there is a real need to devote time and energy to local businesses, to make sure that regional differences and traditions stay alive. There are many people who really believe in this and want to make sure that the companies that have existed in their hometowns for maybe generations continue to survive.

訳 自分の故郷にもっと貢献したいからだと思います。自分が育った場所に残って働くことを選ぶことで、家族の近くにいることができますし、街への親しみが深いのでそこに住むことはより心地が良いです。自分が受けたものをコミュニティにお返しすることができるという考え方もあります。特により人口の少ない地域では、時間やエネルギーを地元の産業に注いだり、地域の独自性（地域性）や伝統が確かに生き残るようにする深刻な必要性があります。この信念に基づき、故郷にある会社が確かに何世代も存続し続けられるようにしたいと思っている人はたくさんいます。

2. Work Part3 テーマを掘り下げた質問

自分のことを話してみよう！

NOTE：

この単語、たいせつ！

- [ ] contribute
  - 動 貢献する
- [ ] familiarity
  - 名 親しみ
- [ ] generation
  - 名 世代

このフレーズ、たいせつ！

- [ ] less-populated areas
  - より人口の少ない地域
- [ ] devote time and energy
  - 時間やエネルギーを注ぐ

POINT

「主張」の表現

- **believe（信じる）**
  I believe that people should always make efforts to improve themselves.「私は人は常に自分を向上させるよう努めるべきだと信じています。」

- **insist（反対されても譲歩せず言い張る）**
  Mothers insist that their children should go to bed before midnight.「母親たちは子供たちは深夜になる前に寝るべきだと言い張ります。」

- **argue（根拠を持って公に主張する）**
  Scientists argue that there is no gravity in the universe.「科学者たちは宇宙には重力が無いと主張しています。」

- **assert（頑固たる自信を持って主張する）**
  A criminal asserts his innocence.「犯人は無実を主張しています。」

- **persist（継続して主張する）**
  Whenever she is in a difficult situation, she persists in her own belief.「難しい状況にあるときはいつも彼女は自分の信念を貫いて主張します。」

- **claim（自分の言い分を主張する）**
  It is essential to claim your own idea during a meeting.「ミーティングでは自分の意見を主張することが重要です。」

3. Family

Part 1 プライベートに関する質問

Question 1

How much time do you spend with your family?
訳 どのくらいの時間を家族と過ごしますか？

Answer

モデル回答

On weekends, I usually <u>eat out</u> with my family. Since I am currently working full-time, I do not get to spend much time with them during the weekdays. Therefore, when we meet, we share what happens during the week and sometimes tell each other new news.

 週末はたいてい家族と外食をします。現在はフルタイムで働いており、平日は家族と過ごす時間があまりとれないので、顔を合わせたときにはその一週間で何があったか共有し、時々お互いの出来事を伝えあったりします。

Topic	家族と外食をする　eat out with my family
Support	平日は家族と時間を取ることができない no time with them during the weekdays

POINT

「外食」の表現

外食する場合にはeat outといいます。ファーストフード店ではDo you want to eat in or take away? と尋ねられます。イギリスではtake away、アメリカではtake outが一般的です。店内で食べる場合はeat inまたはeat hereと言います。また食べ切れなかった料理を持ち帰るための袋をdoggy bagと言います。

自分のことを話してみよう！

NOTE：

Question 2

What do you like to do with your family?
訳 家族と何をすることが好きですか？

Answer

モデル回答

My family's favourite activity is taking our dogs out to the park. Our two dogs are both quite outgoing so they always need some exercise. The park near my place is full of nature so it is a perfect place to play some games with the dogs and relax with my family. While we watch the dogs run around, we get to picnic on the grass and chat.

訳 私の家族は公園に犬を連れて行くことが好きです。私達の二匹の犬はとても人懐っこく、いつも身体を動かしたがっています。うちの近くの公園は自然がいっぱいなので犬と遊んだり家族とリラックスするのに最適な場所です。犬が走り回っているのを見ながら、私達は芝生の上でピクニックして会話をします。

Topic	公園に犬を連れていくこと　taking our dogs out to the park
Support	犬と遊んだり家族とリラックスする play some games with dogs and relax with my family

POINT

「家族」の表現

Part1では家族に関する質問が多く、両親や子ども、配偶者の話などを話す機会があります。家族の一員の1人を選び、その方の特徴や趣味、自分と比較して類似点や相違点を紹介できるようにしておきましょう。

自分のことを話してみよう！

NOTE：

Question 3

Do you get along with your family?
訳 家族とは仲良くしていますか？

Answer

🔍 モデル回答

> Although I don't live with my parents, our connection is quite strong. A phone call happens at least once a week to keep each other updated on our lives. Social media also helps us connect and we are aware of what is going on around each other most of the time. Our family cares about one another and is always ready to provide support if anything happens.

 両親と一緒に住んでいませんが、繋がりはとても強いです。お互いの生活の様子を確認をするために週に1回は電話しています。ソーシャルメディアでも繋がることができるので、お互いに何が起きているのかを意識しています。私達はお互いのことを気にかけ、何かあればすぐにサポートできるようにしています。

Topic	家族との繋がりが強い　connection is strong
Support	電話をする　a phone call happens
	SNSで繋がる　social media helps us connect

💡 POINT

keepの表現

keep updatedの本来の意味は、keep someone up to date「誰かに最新の情報を伝えた状態にする」であり、up to dateがupdateという言い方に変わったものになります。ちなみにup-to-dateは形容詞で「最新の」となり、latestと同じ意味です。

- **keep updated**（様子の確認をする）
  I will keep you updated.「進捗がありましたらお伝えします。」
- **keep A informed**（Aに情報を伝えた状態にする）
  I will keep you informed about the next project.「次のプロジェクトに関して進捗があり次第お伝えします。」
- **keep in touch**（連絡を取る）
  He keeps in touch with his friends from high school.「彼は高校の時の友達といまだに連絡を取っています。」
- **keep connected**（繋がっている）
  I prefer keeping connected with people at work on Facebook.「仕事で会った人とはフェイスブックで繋がっていたいです。」

3. Family **Part1** プライベートに関する質問

Question 4

Who is your closest family member?
訳 家族の中で一番仲が良いのは誰ですか？

Answer

🔍 モデル回答

If I had to choose just one of my family members, I would say it is my brother. He is older than me and I always played with him when we were small. The way he commits to his work and supports his family makes me <u>respect</u> him. Whenever our family gets together, we talk and keep each other updated on what has most recently affected us.

訳 家族の中で強いて選ぶとしたら、兄だと思います。私より年上で、幼い頃はいつも遊んでもらっていました。彼が仕事に熱中し、家族を支えている姿を尊敬します。家族で集まるといつもお互いの近況などを話します。

Topic	兄と一番仲が良い　my brother
Support	幼い頃よく遊んでくれた　I played with him when we were small

💡 POINT

「尊敬」の表現

- **respect（尊敬する）**
  Many people respect Lincoln as a great leader.「多くの人々がリンカーンを偉大なリーダーとして尊敬しています。」
- **admire（賞賛する、感心する）**
  I admire his courage.「彼の勇気に感心します。」
- **look up to A（Aを尊敬する）**
  I looked up to my father when I was a child.「幼い頃、父を尊敬していました。」
- **take one's hat off（脱帽する＝頭が下がる想いである）**
  You have to take your hat off to Neymar, he's a skilled player despite the theatrics.「ネイマールには脱帽です、芝居がかったわざとらしい仕草にもかかわらず、彼は腕の良い選手ですから。」
- **give props to A（Aに敬意を表す）**
  I have to give props to you, you handled that negotiation well.「私はあなたに敬意を表さなければなりません、あなたはあの交渉を上手く処理したのですから。」

Part 2 指定されたテーマについてのスピーチ

Question

DL 28

Describe your favourite family member.

You should say:

what relation the person has to you

how often you see him/her

what you do with him/her

and explain why you like him/her so much.

訳

一番好きな家族を描写してください。

以下のことについて話してください：

・その家族との関係性

・会う頻度

・一緒に何をするか

そしてなぜその家族が好きかを説明してください。

Answer

モデル回答

The relationship between me and my grandfather is very unique. Since we only meet in the holidays, we send emails to each other the rest of the time. Although he only acquired a smartphone pretty recently, my grandfather learned to use it pretty much instantly, and has been sending me well-written emails ever since. The emails he sends are sometimes very funny, and littered with jokes. One time he messaged me that he found an interesting thing on the street, and attached was a picture of a dog wearing a Halloween costume. The way he sends emails is so modern that I almost feel like I am texting with my friend. His attitude to always entertain and cheer people up is so likable and I am glad I get to be so close to him.

102

3. Family Part2 指定されたテーマについてのスピーチ

訳 私と祖父の関係はとても独特です。祝日や祭日などにしか会えないので、会えない時間は、お互いにメールを送ります。祖父はつい最近携帯電話を使い始めたにもかかわらず、使い方をすぐに覚え、それ以来とてもよく書けたメールを送ってくれます。祖父が送ってくるメールは時々とても愉快で、冗談も含まれています。ある日祖父が道で興味深いものを見つけたと言って送ってきたメールに、ハロウィーンの衣装の着た犬の写真が添付されていました。祖父のメールはとても現代的で、まるで友人とメールをしているような気分になります。いつも周りを楽しませようとする祖父の態度はとても好意的で、祖父とここまで仲が良いことがとても嬉しいです。

この単語、たいせつ！
- attached
  形 添付の
- likable
  形 好ましい
- attitude
  名 態度

このフレーズ、たいせつ！
- ever since
  それ以来
- be littered with A
  Aが散らばる

自分のことを話してみよう！

NOTE：

POINT

「コミュニケーション」の表現

- **talk on the phone**（電話で話す）
  In Japan, you are not allowed to talk on the phone in the train.「日本では、電車の中で電話することが許されていません。」
- **send instant messages**（インスタントメッセージを送る）
  Sometimes it is easier to send instant messages rather than calling someone.「時には電話をかけるよりインスタントメッセージを送る方が簡単です。」
- **chat online**（オンライン上で話す）
  He enjoys chatting online with his girlfriend.「彼はガールフレンドとオンライン上で話すことが好きです。」
- **text with A**（Aとメールする）
  I was texting with my ex-girlfriend.「私は元カノとメールしていました。」

Part 3 テーマを掘り下げた質問

Question 1

What role do grandparents play in your country?

訳 あなたの国では、祖父母はどのような役割を持ちますか？

Answer

モデル回答

Grandparents nowadays are frequently involved in parenting, to help mothers balance family and work. In Japan, the decreasing birthrate and the aging population are two serious issues. One of the causes of both these problems is that there are more women who commit themselves to work and decide not to have kids. It is still commonly understood that mothers struggle to keep a balance between parenting and their careers. Therefore, the easiest solution is for mothers to bring kids to their parents' place and to ask them to look after the children until they finish work. Grandparents, who are usually experts at raising kids, are the most trustworthy people for mothers. They are not only good at taking care of kids, but also have a lot of knowledge to teach them that parents sometimes do not have.

訳 最近では祖父母は母親のワークライフバランスを支えるために子育てに頻繁に携わっています。日本では、出生率の減少と高齢化が深刻な課題です。二つの問題の原因の一つは、より多くの女性が仕事に没頭し、子どもを産む決断をしないことです。未だに、母親が子育てとキャリアを両立させることは難しいと一般的に考えられています。この最も簡単な解決方法は、母親が子どもを自分の両親の元に預け、仕事が終わるまで面倒を見てもらうことです。祖父母は、通常子育てに長けているため、母親にとって最も信頼できる存在です。彼らは子育てに慣れているだけではなく、両親が教えられないような知識をたくさん持っています。

3. Family Part3 テーマを掘り下げた質問

自分のことを話してみよう！

NOTE:

この単語、たいせつ！

☐ balance
　（動）バランスをとる
☐ commit
　（動）没頭する
☐ struggle
　（動）苦労する
☐ trustworthy
　（形）信頼できる

このフレーズ、たいせつ！

☐ birthrate and the aging population
　出生率と高齢化
☐ keep a balance
　バランスをとる

POINT

「育成」の表現

- **grow（育つ）**
I grew up in New York.「私はニューヨークで育ちました。」
- **raise（育てる）**
I was raised in London.「私はロンドンで育てられました。」
- **bring up（育てる）**
He brought up three children to be doctors.「彼は3人の子どもを医者に育て上げた。」
- **educate（教育する）**
Sometimes giving a child some space is a way to educate them.「時には子どもに自分だけの時間を与えることも教育する方法の一つです。」
- **train（調教する）**
She brings her dog to a trainer once a week to train him.「彼女は自分の犬を調教するため、トレーナーのところに週に一回連れて行きます。」
- **nurture（育成する）**
As a teacher, my job is to nurture young talents.「教師として、私の仕事は若い才能を育成することです。」
- **foster（養育する）**
Parents have responsibilities to foster kids' growth.「親は子を養育する責任があります。」

105

Question 2

What are the advantages and disadvantages of being in a large family?

🈟 大家族の利点と欠点は何ですか？

Answer

🔍 **モデル回答**

The more family members you have, the more help you can get. If you are the only child, you can only talk to your parents when you need support. Even though colleagues and friends can help you, sometimes there are things that only family can assist with, for example financial and health issues. Therefore, the more siblings or relatives you have, the more secure you are. On the other hand, when you have more family connections, sometimes you have more troubles to deal with. If you have many siblings, you have to think about how to share things with them. For instance, it is common in Japan that brothers fight over the family inheritance. A serious conversation is needed to settle those problems because family connections last for a long time. A large family increases the likelihood of these problems arising and that might be a difficult thing to deal with.

🈟 家族が多いほど、より多くの助けをもらえます。一人っ子の場合、両親にしか助けを求めることができません。同僚や、友人も助けてはくれますが、例えば金銭問題や健康問題など時折家族しか助けられないことがあります。なので、兄弟や親戚が多くいるほど、より保証されていると言えます。反対に、家族の繋がりが多いほど、時折より多くの問題に対応しなければなりません。兄弟が多いと、どうやって彼らと物事を共有するか考えなくてはなりません。例えば、日本では家族の遺産を巡って兄弟が争うことがよくあります。家族との繋がりは長く続くため、そのような問題を解決するためには、真剣な対話が必要になります。大家族ではそのような問題が頻繁に起こる可能性が増すため、もしかするとそれに対処するのは大変なことかもしれません。

3. Family Part3 テーマを掘り下げた質問

自分のことを話してみよう！

NOTE：

この単語、たいせつ！

- [ ] colleague
  (名)同僚
- [ ] assist
  (動)助ける
- [ ] settle
  (動)解決する

このフレーズ、たいせつ！

- [ ] financial and health issues
  金銭問題や、健康問題
- [ ] siblings or relatives
  兄弟や親戚
- [ ] family inheritance
  家族の遺産
- [ ] increases the likelihood of A
  Aの可能性が増す

 POINT

「比較級」の表現

The 比較級 S V～, the 比較級 S V…. は「～すればするほど、ますます…だ。」という表現になります。The ＋ 比較級でSVが後ろに回る倒置も起きるのでスピーキングで使えるようにするには繰り返しの練習が必要です。

- The sooner it is, the better it is. = The sooner, the better.「早ければ早いほど良い」
- The more I ate, I gained weight.「食べれば食べるほど、体重が増えた。」
- The more I get to know her, the less I dislike her.「彼女のことを知れば知るほど、好きになります。」
- The older we grow, the weaker our memory becomes.「年をとればとるほど記憶力は弱くなる。」

107

Question 3

Which is more important, family or friends?

訳 家族と友人、どちらが大切ですか？

Answer

モデル回答

Family is usually more important than friends. One, they are the only people who have known you since birth. They usually understand your personality traits well, so you do not have to explain much about your actions. Especially when you have a serious concern on your mind, it is better to talk to your family first. They will listen to you and might give you a better solution based on your character. Second, family members are the only people who are related to you and you cannot disconnect from them genetically. Although you can choose the community you belong to, you cannot disconnect with your family completely. Therefore, it is better to nurture family relations so that there will be more trust and support that you can both give and receive.

訳 通常、友人より家族の方が大切です。まず、家族は生まれた時から知っている唯一の存在です。彼らは通常その人の性格や性質をよく理解していて、その人が詳しく説明をしなくても行動を理解してくれる場合があります。特にもし何か深刻な悩みを抱えている場合は、まず家族に相談するべきです。家族は話を聞いてくれ、その人の性格を踏まえて良い解決策を提案してくれます。次に、家族は唯一血の繋がった存在ですから、遺伝子的に繋がりを切ることはできません。人は自分の所属する場所を選ぶことはできますが、家族と完全に縁を断つことはできません。なので家族との関係を良好にし、お互いに信頼やサポートし合える関係にするべきです。

3. Family Part 3 テーマを掘り下げた質問

自分のことを話してみよう！

NOTE:

この単語、たいせつ！

☐ disconnect
（動）断つ

☐ genetically
（副）遺伝子的に

このフレーズ、たいせつ！

☐ since birth
生まれた時から

☐ have a serious concern
深刻な悩みを抱えている

☐ nurture family relation
家族の関係を良好にする

POINT

「性格」の表現

性格や個性（personality）の表現を紹介します。ちなみにテレビタレントはTV personalityといいます。

- **shy（恥ずかしがり屋）**
Since she was a kid, she has always been shy.「小さい頃から彼女は恥ずかしがり屋です。」

- **entertaining（愉快な）**
My brother is entertaining and everyone likes him.「私の兄はとても愉快で、みんなが彼のことが好きです。」

- **childish（子供っぽい）**
My boss is sometimes so childish that he gets annoyed so easily.「私の上司は時々とても子供っぽく、簡単にイライラしてしまいます。」

- **sensitive（繊細な）**
Ena is a sensitive woman.「エナは繊細な女性です。」

- **responsible（責任感がある）**
He has been asked to lead a project because of how responsible he is.「彼の責任感を買われて、彼はプロジェクトをリードするように頼まれました。」

109

Question 4

How do you think the family unit will change in the future?
訳 家族の体系は今後どのように変化すると思いますか？

Answer

🔍 モデル回答

No matter how much time people spend on their digital tools, they should sometimes see their family physically to thank them and feel unconditional love from them. In the digital age, people sometimes spend more time on communicating online than in person. It is sometimes easier for them to have an online chat or send an email than meet face to face. Now, families also see each other less than before. It is more likely that people will become more individualistic and communicate with their families mostly online. However, in the U.S. people still prefer spending time on Thanksgiving with their family cooking and having a nice dinner with them. This holiday is important to American people because wherever they usually live or work, they come back to their family to check in with each other and be thankful to one another.

訳 どれだけ人々がデジタル技術に頼ったとしても、時には家族に実際に会って、感謝し、彼らから無償の愛を感じることが必要です。デジタルの時代において、人々は対面ではなくオンラインでコミュニケーションを取ることがより多くなっています。オンラインでチャットしたり、メールをした方が対面よりも簡単な場合が時折あります。今や、家族もお互いに顔を合わせることが以前より少なくなっています。今後家族はより独立し、コミュニケーションはオンラインで行われるようになるでしょう。しかしアメリカでは感謝祭は家族と料理をしたり、夕食を共にして時間を過ごすことが好まれます。感謝祭は、アメリカ人にとって、彼らがどこにいて仕事をしていても、家族の元に帰ってきて、お互いの様子を確認し、お互い感謝をし合う、とても重要な日です。

3. Family **Part 3** テーマを掘り下げた質問

自分のことを話してみよう！

NOTE：

この単語、たいせつ！
☐ individualistic
形 個人主義の

このフレーズ、たいせつ！
☐ unconditional love
無償の愛
☐ in this digital age
デジタルの時代において

 POINT

「会う」の表現

- **meet A in person**（直接会う）
 I meet my parents at least once a week.「私は少なくとも週に1回は両親に会います。」
- **encounter**（偶然出会う）
 I encountered an old friend from elementary school.「小学校の時の古い友人に偶然出会った。」
- **happen to meet**（たまたま出会う）
 I happened to meet my university professor.「大学の時の教授にたまたま出会いました。」
- **meet A by chance**（Aに偶然出会う）
 Have you ever met a celebrity by chance?「偶然芸能人に出会ったことはありますか？」
- **run into A**（Aに遭遇する）
 When I was at a café, I ran into my colleague from a previous company.「カフェにいたら、前の会社の同僚に遭遇しました。」

111

4. Hometown

Part 1 プライベートに関する質問

Question 1

Is your hometown a good place to live?
訳 あなたの故郷は住むのに良い場所ですか？

Answer

🔍 **モデル回答**

Yes, my hometown is definitely a good place to live. I love to go back to my hometown <u>whenever I have the chance</u>.

 はい、私の故郷は間違いなく住むのに良い場所です。私は機会があればいつでも喜んで故郷に帰ります。

Topic	良い場所　good place to live
Support	故郷に帰る　go back to my hometown

💡 POINT

whenever を使った表現
- whenever I am with you（あなたといるときはいつでも）
- whenever I am with my girlfriend（彼女といるときはいつでも）
- whenever I have time（時間があるときはいつでも）
- whenever I call my parents（両親に電話するときはいつでも）
- whenever I feel guilty（罪悪感を抱くときはいつでも）

自分のことを話してみよう！

NOTE：

4. Hometown **Part 1** プライベートに関する質問

Question 2

What do you like most about your hometown?
訳 故郷についてあなたが一番好きなことは何ですか？

Answer

The best thing about my hometown is the <u>intimate</u> relationships between neighbours. We have fostered a very <u>close</u> community.

訳 私の故郷の最も良い面は、隣人との親しい関係性です。私たちはとても親しいコミュニティを作ってきました。

Topic	親しい関係　intimate relationships
Support	コミュニティを作ってきた　fostered a community

POINT

「関係性」の表現

- **good relationship**（良い関係）
  I have a good relationship with my father.「私は父と良好な関係を築いています。」
- **close relationship**（親しい関係）
  She developed a close relationship with her mentor.「彼女はメンターと親しい関係を築きました。」
- **serious relationship**（真剣な関係）
  My boyfriend and I are in a serious relationship.「私はボーイフレンドと真剣な交際関係にあります。」
- **a long-standing relationship**（長く続く関係）
  I have a long-standing relationship with my boss.「上司と長く続く関係を築きました。」
- **intimate relationship**（親密な関係）
  I always try to build an intimate relationship with my classmates.「私はいつもクラスメイトと親密な関係を築くようにしています。」
- **be good company**（良い仲間である）
  You are good company.「君は僕の良い仲間です。」

Question 3

What kind of jobs do people do in your hometown?
訳 あなたの故郷では、人々はどんな仕事をしていますか？

Answer

モデル回答

The main industry in my hometown is farming. Even now, many people's work revolves around growing fruits such as peaches and grapes.

訳 私の故郷の主な産業は農業です。今でさえ、多くの人々の仕事はモモやブドウなどのフルーツを育てることに集中しています。

Topic	主な産業は農業　the main industry is farming
Support	フルーツを育てること　growing fruits

POINT

「産業・業界」の表現

industryは（産業、工業）という意味以外に（勤勉）という意味があります。派生語を見てみるとindustrialは（産業の）ですが、industriousは（勤勉な）という意味になります。産業や業界に関する表現はfarming（農業）heavy industry（重工業）manufacturing（製造業）construction（建設業）retailing（小売業）などがありますので覚えておきましょう。

自分のことを話してみよう！

NOTE：

Question 4

Is your hometown a popular place for tourists to visit?

 あなたの故郷は観光客に人気の場所ですか？

Answer

🔍 モデル回答

Yes. In recent years, the number of tourists visiting my hometown has been on the rise, especially those from Southeast Asian countries. Our traditional temples and the rural landscape are very popular attractions.

 はい。ここ数年、私の故郷を訪れる観光客の数は、特に東南アジアの国々から増えています。伝統的な寺や田舎の風景がとても人気のある名所です。

Topic	観光客の数が増えている　the number of tourists is on the rise
Support	伝統的な寺や田舎の風景が人気　traditional temples and the rural landscape are popular

POINT

「増加」の表現

- **increase**（増える）
  The number of tourists has been increasing in Japan.「日本では旅行者の数が増えています。」
- **go up**（増える）
  A broker predicts that the price will go up in the future.「ブローカーは、その価格が上昇すると予想しています。」
- **climb**（上がる）
  The number climbed up to 100.「数は100まで上がりました。」
- **on the rise**（上がっている）
  The water level is on the rise.「水位が上昇しています。」
- **skyrocket**（急騰する）
  The price skyrocketed over the past few years.「過去数年で価格は急騰しました。」

Question 5

Has your hometown changed in any way in your lifetime?
訳 あなたの故郷は、あなたが生まれてから今まで何か変わりましたか？

Answer

🔍 モデル回答

My hometown has become a lot more industrialised in the past few years. Many high-rise apartments and shopping complexes have been built. It already looks quite different compared to when I was growing up.

 訳　私の故郷はここ数年でより産業化されました。たくさんの高層住宅や複合商業施設が建てられました。私の故郷は私が育った頃と比べると、すでにとても違って見えます。

Topic	産業化された　become industrialised
Support	構造住宅や複合商業施設が建てられた
	high-rise apartments and shopping complexes were built
	違って見える　looks different

💡 POINT

become＋過去分詞の表現

- become industrialised（産業化する）
  Japan has become industrialised after the Meiji restoration.「日本は明治維新後、産業化しました。」
- become known（知られるようになる）
  The author became known to us all.「その著者は我々全員に知られるようになりました。」
- become convinced（確信するようになる）
  He has become convinced that he needs to be independent from his parents as he grows older.「彼は成長するにつれ、両親から独立しなくてはいけないことを確信するようになりました。」

4. Hometown Part 1 プライベートに関する質問

自分のことを話してみよう！

NOTE：

Part 2 指定されたテーマについてのスピーチ

Question

DL 31

Describe a popular place in your hometown.

You should say:

what the place is

what people do there

how special it is

and explain why the place is popular.

訳

あなたの故郷で人気の場所について描写してください。

以下のことについて話してください：

・その場所が何か

・人々はそこで何をするのか

・そこがどのように特別か

そしてなぜその場所が人気か説明してください。

Answer

モデル回答

My hometown has so many interesting tourist attractions to choose from. From my point of view, the most popular place in my hometown is Ryuo Station. It is special because it maximises the potential of this huge area of land just sitting there in the countryside. The station was designed by the well-known Japanese architect called Tadao Ando. Thanks to his unique style of buildings, as well as his own fame, the station drew a rush of tourists. Ando used tons of glass for the façade of the building, and this transparent appearance makes the building look futuristic. Many tourists also like to take pictures from inside the station, since there is a good view of Mount Fuji. For me, it's a bit of a ritual to stop and take a good, long look at Mount Fuji every time I return to my hometown. Ryuo Station also has easy access by train from Tokyo, and the trip only takes about 90 minutes.

4. Hometown Part2 指定されたテーマについてのスピーチ

> **訳** 私の故郷は選ぶべきたくさんの面白い観光名所があります。私の観点では、故郷で最も人気のある場所は竜王駅です。竜王駅は田舎で空いている広大な土地を最大限に活かしているので特別です。駅は安藤忠雄という有名な日本人建築家によってデザインされました。彼の名声と独創的な建築スタイルのおかげで、駅には多くの観光客が殺到しました。安藤忠雄は建物の正面に大量のガラスを用い、その透明な外見が建物を未来的に見せています。綺麗な富士山の眺めも綺麗なので、多くの観光客は駅からの写真を撮ることを好みます。私にとって、故郷に帰る度に富士山をしっかり眺めることはある種の儀式です。また竜王駅は東京から電車で簡単にアクセスでき、かかるのはたったの90分です。

この単語、たいせつ！
- ☐ maximise
  - (動) 最大化する
- ☐ façade
  - (名) 正面
- ☐ futuristic
  - (形) 未来的な

このフレーズ、たいせつ！
- ☐ potential of A
  - Aの可能性

自分のことを話してみよう！

NOTE：

POINT

「観点」の表現

perspectiveの語源はper（完全に）+ spect（見る）から「見通し、観点、視点」という意味になりました。またpoint of viewと言い換えることも可能です。

- **from my point of view**（私の観点から）
  From my point of view, Tokyo has been changed drastically over the years.「私の観点から言うと、東京は数年にわたって劇的に変化しました。」
- **from an educational perspective**（教育の観点から）
  From an educational perspective, providing children with screen tablets at their early age is not effective.「教育の観点から言うと、幼い時期に子供にタブレットを与えるのは効果的ではありません。」
- **from the point of A**（Aの観点から）
  From the point of a scientist, data should be the first priority.「科学者としての観点から見ると、データが最優先事項であるべきです。」
- **in terms of A**（Aの観点から）
  In terms of culture, Japan is quite different from other countries.「文化の観点から、日本は他の国々と全く違います。」

Part 3 テーマを掘り下げた質問

Question 1

What social problems are there in your hometown?
訳 どんな社会的問題があなたの故郷にはありますか？

Answer

🔍 モデル回答

One of the main problems in my hometown is that everyone there knows each other too well. For instance, people know which car belongs to which family, or who goes to which school. Although this could also be seen as a positive characteristic of my hometown, I sometimes feel that people are invading my privacy. It's almost impossible to go anywhere or do anything without my every move being documented by someone.

訳　私の故郷の大きな問題の一つは、みんながお互いのことを良く知りすぎているということです。例えば、人々はどの車がどの家のものなのか、誰がどこの学校に通っているのかを知っています。これは私の故郷の良い特色として見られることもありますが、人々が私のプライバシーを侵害していると、時に感じてしまいます。私の一挙一動が誰かに記録されることなくどこかに行ったり、何かをすることはほとんど不可能です。

4. Hometown **Part3** テーマを掘り下げた質問

自分のことを話してみよう！

NOTE：

この単語、たいせつ！
☐ document
　動 記録する

このフレーズ、たいせつ！
☐ positive characteristic
　良い特色
☐ invade one's privacy
　人のプライバシーを侵害する

POINT

「受動態」の表現

IELTSスピーキングはライティングとは違い、闇雲に複雑な構文や受動態などの文法を使うことは好まれません。受動態が好まれる条件はこの回答で使われているような「世間からの認知」、そして「被害」と「感情」で覚えましょう。

- **be seen as A（Aとして見られている）** ※世間からの認知
  She is often seen as a teenager although she is in her mid 20s.「彼女は20代半ばにも関わらず、10代に見られることがよくあります。」
- **be regarded as A（Aとして見なされている）** ※世間からの認知
  My boss is regarded as a good team leader.「私のボスは、良いチームリーダーとして見られています。」
- **be known as A（Aとして知られている）** ※世間からの認知
  He is known as a famous football player.「彼は有名なサッカー選手として知られています。」
- **be stolen（盗まれる）**
- My bicycle was stolen at the station.「駅で自転車を盗まれました。」*被害
- **be killed（殺される）**
- The boy was killed in a traffic accident.「少年は事故で亡くなりました。」*被害
- **be pleased（嬉しい）**
- I was really pleased to meet you in person.「あなたに直接お会いできて大変嬉しいです。」*感情

Question 2

Why do so many people move to live in cities?

訳 なぜこんなにも多くの人が都市で暮らすために引っ越すのですか?

Answer

モデル回答

For one thing, it is obviously convenient to live in cities. This is because the transportation system is developed and everything one needs is easily accessible. For another, there is a higher chance of getting a better education and higher-paying jobs. What's more, people are more likely to meet people from diverse backgrounds.

一つは、都市に住むことは明らかに便利です。これは交通システムが発達していて、必要なもの全てが簡単に入手できるからです。もう一つは、より良い教育やより給料の高い職を得る機会が多いことです。さらに多様なバックグラウンドの人々とより会いやすくなります。

POINT

文頭で使える表現

IELTSスピーキングのPart3では3〜5文で回答する必要があるので、内容の転換がとても重要です。

- **For one thing,（まず一つには）**
  For one thing, you owe your parents a duty to take care of them in their old age.「まず一つには、自分の親に対して、彼らが年を取った時に面倒を見るという義務を負っています。」

- **For another,（また別のことで言えば）**
  For another, diesel engines are far more powerful than petrol ones.「また別のことで言えば、ディーゼルエンジンはガソリンエンジンよりもずっと力があります。」

- **What's more,（その上）**
  What's more, I never felt disadvantaged by not having received a traditional education.「その上、私は伝統的な教育を受けなかったことで不利を被っていると感じたことはありませんでした。」

4. Hometown **Part3** テーマを掘り下げた質問

自分のことを話してみよう！

NOTE:

この単語、たいせつ！

☐ obviously
　副 明らかに

このフレーズ、たいせつ！

☐ transportation system
　交通システム
☐ easily accessible
　簡単に入手できる
☐ high-paying jobs
　給料の高い職
☐ people from diverse backgrounds
　多様なバックグラウンドの人々

- **Moreover, (さらに)**
  Moreover, the city is a good place to progress your career. 「さらに、この街はあなたのキャリアを進めるのにとても良い場所です。」
- **In addition to A, (Aに加えて)**
  In addition to convenience, fast food is often cheaper than healthier alternatives. 「便利さに加えて、ファストフードはより健康的な代わりの選択肢よりも安いことが多いです。」
- **Having said that, (そうは言っても)**
  Having said that, it's still possible to acquire a new language at a later age. 「そうは言っても、より遅い年齢でも新たな言語を習得することは可能です。」
- **Even so (例えそうであっても)**
  Even so, you should go to the party. 「例えそうであっても、あなたはパーティーに行くべきです。」

123

Question 3

How can you improve your hometown?

訳 どうしたらあなたの故郷をより良くできますか？

Answer

🔍 モデル回答

There is a huge amount of financial resources that can be utilised in improving my hometown. For example, money could be spent on advertising local products and tourist attractions, on a bigger scale than now. This might include posting ads on various websites and creating eye-catching pamphlets. We also need to make use of new technology and forms of communication, so that we can reach a wider, more global audience. I feel that this is one way of revitalising the local community.

訳 私の故郷をより良くするのに利用できるたくさんの経済的資源があります。例えば、資金は今より大きな規模で地元の商品や観光名所を宣伝するのに使うことができます。これには様々なウェブサイトに広告を投稿することや、ひと目を引くパンフレットを作ることも含まれます。より広く、国内外問わず、相手に届くように、新しい技術やコミュニケーションの形態を利用する必要もあります。これが地元のコミュニティを再活性させる一つの方法だと私は感じています。

4. Hometown **Part 3** テーマを掘り下げた質問

自分のことを話してみよう！

NOTE:

この単語、たいせつ！

☐ pamphlets
パンフレット

☐ eye-catching
目を引く

このフレーズ、たいせつ！

☐ financial resources
経済的資源

☐ advertise local products
地元の商品を宣伝する

☐ revitalise the local community
地元のコミュニティを再活性する

POINT

「利用」の表現

一般的にある物を使うときにはuse（使う）を使用し、何かを最大限活用するときにはutiliseを使いましょう。utiliseの語源はut（使う）で、useful（役立つ）や台所にあるutensil（家庭用品）、abuse（乱用する）と同語源です。

- **utilise（利用する）**
  It was clever of you to utilise your time in college to meet as many people as possible.「大学生のうちにできるだけ多くの人に会うことに時間を利用したのは、賢明でした。」

- **utility（効用、有用）**
  Utility clothes are sold very well nowadays.「実用的な衣服が現代ではとてもよく売れています。」

- **make use of A（Aを有効活用する）**
  It is important to make a good use of your teenage years to have fun with your friends.「10代の時間を友達と楽しむことに活用することは重要です。」

5. Accommodation

Part 1 プライベートに関する質問

Question 1

Do you live in a house or an apartment?

訳 一軒家に住んでいますか？ それともアパートに住んでいますか？

Answer

🔍 モデル回答

I live in a small apartment in Tokyo. 5 minutes' walk to the nearest station, so it is very convenient.

 私は東京にある小さなアパートに住んでいます。最寄りの駅までたった5分の距離にあるので、とても便利です。

Topic	小さなアパートに住んでいる　live in a small apartment
Support	駅までたった5分の距離にある　only 5 minutes' walk to the station

💡 POINT

「距離・時間」の表現

- **5-minutes' walk（徒歩5分です）**
  It is a 5-minutes' walk to the nearest station.「最寄り駅まで徒歩5分です。」
- **take 5 minutes（5分かかる）**
  It takes 5 minutes for the next train to arrive.「次の電車が来るまで5分あります。」
- **5 minutes away（5分先）**
  The station is 5 minutes away from here.「駅はここから5分先にあります。」

自分のことを話してみよう！

NOTE：

5. Accommodation **Part1** プライベートに関する質問

Question 2

How long have you been living there?
 どのくらいの期間そこに住んでいますか？

Answer

 モデル回答

I have been living in this apartment since I was 18 years old. That was when I <u>relocated</u> to Tokyo for university.

 そのアパートには18歳の時から住んでいます。それは大学進学のために東京に移ってきてからです。

Topic	18歳の時から住んでいる　have lived since I was 18 years old
Support	大学のために東京に引っ越してきた　relocated to Tokyo for university

POINT

「移動」の表現

引っ越すときはmove inを使いますが、relocateは今住んでいる場所から別の場所に移転するときや強制移動させられるときに使います。

- **move（引っ越す）**
  We have just moved into a town called Sheffield.「私達はシェフィールドと呼ばれる町に引っ越したばかりです。」
- **relocate（新しい場所に移す、移転させる）**
  My house is located in the northern area.「私の家は北のほうのエリアにあります。」
- **transfer（移動させる）**
  My father has always been transferred because of his job.「仕事の関係で、私の父はいつも転勤していました。」
- **shift（移す）**
  There has been a dramatic shift in public opinion towards the disease.「その病気に対する世論に大きな変化があります。」

自分のことを話してみよう！

NOTE:

Question 3

What do you like about your apartment?
訳 あなたのアパートについて好きなことは何ですか？

Answer

🔍 モデル回答

My favourite thing about my apartment is the design of the kitchen. The wall is <u>decorated</u> with Mediterranean-style ceramic tiles and the whole space is <u>centred</u> around a kitchen island. There is also a large oven for baking, which comes in handy when I have guests over for dinner parties.

訳 私のアパートのお気に入りの部分はキッチンのデザインです。壁は地中海スタイルのセラミックのタイルで装飾され、全ての空間がアイランド式のキッチンカウンターを中心に配置されています。またパンを焼くための大きなオーブンもあり、ディナーパーティーに客を呼ぶ時に重宝します。

Topic	キッチンのデザイン　design of the kitchen
Support	地中海スタイルのセラミックのタイルで装飾されている decorated with Mediterranean-style ceramic tiles 大きなオーブンがある　there is a large oven

💡 POINT

「装飾」の表現

- **centred**（中心にある）
  A kitchen island is centred in the room. 「アイランド式のキッチンカウンターは部屋の中心にあります。」

- **decorated**（装飾されている）
  A living room is decorated with colourful curtains. 「リビングはカラフルなカーテンで飾られています。」

- **furnished**（家具が設置されている）
  I have just moved in to a furnished apartment. 「家具が設置されているアパートに引っ越してきました。」

- **refurbished**（改装された）
  After the earthquake, the building has been refurbished completely. 「地震の後、その建物は完全に改装されました。」

Question 4

What can you see from the window of your apartment?
訳 あなたのアパートの窓から何が見えますか？

Answer

モデル回答

I can see the Tokyo Skytree, which is famous for being the tallest broadcasting tower in the world. My apartment also has a <u>stunning view</u> of the Sumida River fireworks, which are held at the end of July every year.

訳 世界で最も高い電波塔として知られる東京スカイツリーが見えます。私のアパートからは毎年7月末に開催される隅田川花火大会の驚くほど綺麗な景色も見えます。

Topic	東京スカイツリーが見える　I can see the Tokyo Skytree
Support	隅田川花火大会の驚くほど綺麗な景色 a stunning view of the Sumida River fireworks

POINT

「景色」の表現

- **good view（良い眺め）**
  I chose the apartment because of the good view from a bedroom.「ベッドルームからの良い眺めがそのアパートを決めたきっかけです。」
- **wonderful view（素晴らしい景色）**
  That skyscraper is known for the wonderful view from a top floor.「あの高層ビルは、最上階からの素晴らしい景色で知られています。」
- **poor view（乏しい景色）**
  She was disappointed with the poor view from a bridge despite the reputation.「評判とは異なる乏しい橋からの景色に彼女は失望しました。」
- **terrible view（ひどい景色）**
  He still cannot forget the terrible view he saw where a crime happened when he was a child.「彼は子どもの時に起きた事件現場で見たひどい景色を今でも忘れることができません。」
- **spectacular view（壮大な景色）**
  If you go to Hawaii by any chance, do not miss the spectacular view of a sunrise from at a volcano.「もしハワイに行く機会があれば、火山の上から見える日の出の壮大な景色を見逃さないでください。」

Part 2 指定されたテーマについてのスピーチ

Question

Describe an ideal dream house you want to live in.

You should say:
    what it looks like
    what features
    how it is special
and explain why you want to live in this ideal house.

訳
あなたが住みたい理想的な家について描写してください。
以下のことについて話してください：
・どんな外観か
・どんな特徴があるか
・どのように特別か
そしてその理想的な家に住みたい理由を説明してください。

Answer

モデル回答

If I could, I would like to live in the kind of house that you find in beach resorts. You know the kind I mean. My house would be glass-walled, with a beautiful 360-degree panoramic view of the surrounding environment. I want it to be one-of-a-kind, in that you would be able to see numerous sea creatures including sea turtles and stingrays from wherever you are in the house: the living room, the bedroom, or even the bathroom. Additionally, since the house would be right by the water, I want to make it so that you can jump straight into the sea from any of the rooms in the house. Since I care about the environment, I think it would also be nice to have a self-sustainable farm and solar panels to help reduce CO2 emissions. If I could make this dream house a reality, I think I will have made it in life.

5. Accommodation **Part 2** 指定されたテーマについてのスピーチ

訳 できるなら、ビーチリゾートにあるような家に住みたいです。私が言っている類のものを知っているでしょう。私の家はガラス張りで、周囲の景色を360度見渡せるでしょう。私はどこにいても、リビングや寝室、トイレからでさえもウミガメやアカエイなど非常に多くの海の生き物が見えるという点で、唯一無二の家にしたいです。加えて、家は海のすぐ側にあるので、家のどの部屋からでも海にまっすぐ飛び込めるようにしたいです。私は環境も気にかけているので、二酸化炭素排出量を減らすために自給自足できる農地やソーラーパネルを備えるのもいいと思います。もしこの夢の家を現実にできるのならば、生きているうちに完成させると思います。

この単語、たいせつ！

☐ numerous
　㊛ **非常に多くの**

☐ self-sustainable
　㊛ **自給自足できる**

☐ emission
　㊛ **排出**

自分のことを話してみよう！

NOTE：

💡 **POINT**

「つなぎ言葉（filler）」の表現

模範解答にあるYou know the kind I mean.「私が言っている類のものを知っているでしょう。」の文章に含まれるyou knowやkindやI meanは、つなぎ言葉（filler）と呼ばれる意味も持たない沈黙や間を保つための言葉です。you knowやkind ofやI meanは日本語で言う「えーと」や「あのー」にあたる表現です。適材適所に使用して違和感なく文章を繋げましょう。

- **you know（同意を求める相槌）**
　He has always been like that, you know.「彼はいつもそんな感じじゃないか、分かるでしょう？」

- **kind of（はっきりしない様子）**
　She was kind of upset when I told her to break up with me.「彼女に別れを告げたら、彼女はなんとなく怒っていました。」

- **I mean（迷いながら言葉を発する時）**
　I mean, I do not disagree with you but I need more details.「そうですね、あなたには反対しませんが、もう少し詳細を教えてください。」

Part 3 テーマを掘り下げた質問

Question 1

Is it important for people to live in a large house?
訳 大きな家に住むことは人々にとって重要ですか？

Answer

モデル回答

Not necessarily. I think large houses can sometimes be too big of a burden. For instance, it would take lot of time to <u>tidy up</u> all the rooms. Advocates of minimalism even say that living in a smaller house enables people to focus on what really matters, not just superficial material possessions.

訳 必ずしも重要ではありません。大きな家は時に大きすぎる負担となります。例えば、全ての部屋をきれいに片づけるのにとても時間がかかるでしょう。ミニマリズムの提唱者は、人は小さな家に住むことによってただ上辺だけの財産ではなく、本当に重要であることに集中できると言うことさえあります。

5. Accommodation Part3 テーマを掘り下げた質問

自分のことを話してみよう！

NOTE：

この単語、たいせつ！

- [ ] necessarily
  (副) 必ずしも
- [ ] burden
  (名) 負担
- [ ] advocate
  (名) 提唱者
- [ ] enable
  (動) 可能にする

 POINT

「掃除」の表現

- **clean**（掃除する）
  I need to clean my house this weekend before guests arrive.「今週末、お客様が来る前に家を片付けなければいけません。」
- **tidy**（散らかっているものを片付ける）
  She likes tidying up.「彼女は片付けが好きです。」
- **vacuum**（掃除機で掃除する） *vacuumのvacの語源は「空の」
  I vacuum my room every week.「毎週掃除機で部屋を掃除します。」
- **sweep**（掃いて掃除する） *過去形はswept
  Children in Japan sweep classrooms.「日本の子どもは教室をはき掃除します。」

133

Question 2

What kind of homes are popular in your country?

訳 あなたの国ではどんな家が人気ですか？

Answer

🔍 モデル回答

Apartments are popular in Japanese cities, although the space may be on the small side. On the other hand, many people have their own houses in the countryside. Many of these homes still have at least one traditional-style tatami room, which is usually made from straw. These days, shared apartments are quite common among the younger generation, since this creates opportunities for them to meet new people from different backgrounds.

訳 広さは狭い方かもしれませんが、日本の都市部ではアパートが人気です。一方で、田舎では多くの人が自分の家を持っています。このような家の多くには、まだ大抵わらで作られた伝統的な形式の畳の部屋が少なくとも一部屋はあります。最近では、異なるバックグラウンドを持った人々と会う機会になるため、シェアハウスが若い世代の間でとても一般的です。

5. Accommodation　Part3 テーマを掘り下げた質問

自分のことを話してみよう！

NOTE：

この単語、たいせつ！

☐ straw
　名 わら

このフレーズ、たいせつ！

☐ traditional-style tatami room
　伝統的な形式の畳の部屋
☐ create opportunities
　機会を作る
☐ younger generation
　若い世代の人々

 POINT

「住居」の表現

- **bungalow（平家）**
I dream to live in a bungalow where I can live with my family.「家族と一緒に平家に住むことが夢です。」

- **shared apartment（共有アパート、シェアハウス）**
It is common among university students to live in a shared apartment.「大学生の間では共有アパートに住むことが普通です。」

- **student flat（学生寮）**
She lives in a student flat which takes her 5 minutes walk to a campus.「彼女はキャンパスまで徒歩5分の学生寮に住んでいます。」

- **condominium（分譲マンション）**
He is looking for a used condominium.「彼は中古マンションを探しています。」

- **mansion（大豪邸）**
My daughter is dreaming of living in a deluxe mansion.「私の娘は豪華な邸宅に住むことを夢見ています。」

135

Question 3

What do you think are the advantages of living in a house rather than an apartment?

訳 アパートではなく一軒家に住むことの利点は何だと思いますか？

Answer

🔍 モデル回答

One of the advantages of living in a house is that you will become more responsible for what you have. There won't be any cleaning staff working for you. For example, you have to take care of the garden and clean the front porch. At the same time, without any common shared spaces, you don't need to think so much about others living near you, unlike when you live in an apartment.

訳 一軒家に住むことの1つの利点は、自分が所有しているものにより責任をもつようになるということです。あなたのために働いてくれる清掃スタッフはいないでしょう。例えば、庭の手入れをしなければならないし、玄関先を掃除しなければなりません。くわえて、共有スペースがないので、アパートに住んでいる場合と違って、近くに住んでいる他人についてそんなに考える必要はありません。

5. Accommodation Part3 テーマを掘り下げた質問

自分のことを話してみよう！

NOTE：

> **このフレーズ、たいせつ！**
> ☐ become more responsible
> より責任をもつようになる
> ☐ front porch
> 玄関先
> ☐ common shared spaces
> 共有スペース

POINT

一軒家に住むことの利点

- You don't need to worry about the thickness of the walls or the noise of your footsteps.「あなたは壁の厚さや足音について心配する必要がありません。」
- Houses with outside space are perfect for young families and pet-owners.「庭のある家は若い家族やペットを飼っている人たちに最適です。」
- The comparative amount of space means that you are not confined to just one area all the time.「(比較して) かなりの広さのスペースがあるため、同じ場所にずっといなければいけないことはないということです。」
- Houses tend to be in more suburban areas, which attract people escaping the noise of cities.「家は郊外に多いので、それにより街の騒音から逃れる人々を魅了することになります。」
- Buying a house is still a common goal for people.「家を購入することは未だに人々の共通目標です。」

137

6. Neighbours

Part 1 プライベートに関する質問

Question 1

How well do you know your neighbors?
訳 どのくらいよく自分の近所の人について知っていますか？

Answer

🔍 **モデル回答**

I know my neighbours very well. Since my town is not that big, I have close relationships with all of them. I <u>greet</u> them every morning, which makes me feel like I am part of the community, like we're one big family.

 私は自分のご近所さんのことをよく知っています。私が住んでいる町はそこまで大きくないので、住んでいる全員ととても親しい関係を築いています。毎朝挨拶をすることで、まるで一つの大きな家族みたいな、コミュニティの一員であるかのような感覚を味わいます。

Topic	近所の人々についてよく知っている　know my neighbours very well
Support	毎朝挨拶をする　greet them every morning

💡 POINT

「挨拶」の表現

- say hello（挨拶する）
  I said hello to the mayor I met at the city hall.「市役所で市長に会い挨拶しました。」
- greet（挨拶する）
  I always greet my neigbours with a smile.「いつも近所の人々に笑顔で挨拶します。」
- say goodbye（お別れをする）
  I said goodbye to my best friend studying abroad at the station.「留学する親友に駅で別れを告げました。」

6. Neighbours **Part1** プライベートに関する質問

Question 2

How often do you talk with your neighbours?

訳 どのくらいの頻度で近所の人と話しますか？

Answer

モデル回答

I talk to my neighbours every single time I see them. This is why my neighbours and I are very close. We talk about the weather, recent events around the neighborhood, as well as our families.

訳 近所の人と会うたびに話をします。だから近所の人ととても親しいのです。天気について話をしたり、最近、近所であった出来事や私の家族についての話もします。

Topic	会うたびに話す talk every single time I see them
Support	天気について話す talk about the weather

POINT

接尾辞 hood の表現

ドイツ語語源の接尾辞 hood は「状態」を表します。

- **neighbourhood（近隣）**
  Our neighbourhood is quite safe. 「私たちの近所はいつもとても安全です。」
- **childhood（幼少期）**
  My childhood was pretty happy. 「私の幼少期はとても幸せでした。」
- **likelihood（見込み）**
  The likelihood of eliminating all greenhouse gases is low. 「全ての温室効果ガスを取り除く見込みは低いです。」

自分のことを話してみよう！

NOTE:

139

Question 3

Do you take part in any special events with your neighbours?
訳 近所の人と何か特別なイベントに参加しますか？

Answer

🔍 モデル回答

> I go to the neighbourhood summer festival every year, which is a great opportunity for people to make new friends. At this festival, there are all sorts of stores selling all these different types of food, like candy floss, fried noodles and shaved ice. The festival is entirely community-run: we work together and try our best to make the festival enjoyable for <u>people of all ages</u>.

訳 毎年近所の夏祭りに参加します。新しい友達を作るのに最適な機会です。お祭りでは、あらゆる種類のお店が様々な種類の食べ物、例えば綿菓子や、焼きそばや、かき氷を売ります。お祭りは全面的に地域住民によって運営されます。一緒に作業して、あらゆる年齢の人々にとって楽しめるような内容になるように協力します。

Topic	毎年近所の夏祭りに参加する　go to the neighbourhood summer festival every year
Support	様々な店が出店される　there are all sorts of stores お祭りは地域の人によって運営される　the festival is community-run

💡 POINT

people を後置修飾する表現
- people of all ages（あらゆる年齢の人々）
- people from all over the world（世界中の人々）
- people from diverse backgrounds（多様な背景の人々）
- people in Japan（日本にいる人々）
- people who are fond of drinking（お酒が好きな人々）

6. Neighbours **Part1** プライベートに関する質問

Question 4

What kind of problems do people sometimes have with neighbours?
 時に近所の人とどのような問題がありますか？

Answer

🔍 **モデル回答**

One problem I sometimes have with my neighbours is that some of them do not follow the rules of rubbish disposal properly. This is troublesome especially when people dispose of trash outside because sometimes wild animals find food in it and try to pick it up. As a result, there are trashes everywhere which bothers people who live around the area. This can cause problems for everyone on garbage removal day.

 私が時折遭遇する近隣の人との問題は、ゴミ出しのルールをきちんと守らない人がいることです。特にゴミ出しの場所が外にある場合、野生の動物がゴミから食べ物を漁ろうとしてしまい、とても面倒です。結果的にゴミがそこら中に散らばり、付近に住んでいる人の迷惑になります。これはゴミの日には皆にとって問題になります。

Topic	ゴミ出しのルールを守らない　do not follow the rules of rubbish disposal
Support	これがとても面倒である　this is a troublesome ゴミだらけ　there are trashes everywhere

💡 **POINT**

「ゴミ」の表現

イギリスではrubbish（一般的なゴミ）がよく使われ、アメリカでtrash（紙くずなどの一般的なゴミ）、garbage（台所から出る生ゴミ）が使われます。抽象的な表現としてrubbishは「くだらない考え」という意味もあるので覚えておきましょう。またアメリカではtrash can/garbage can、イギリスではrubbish binのように「ゴミ箱」も少し表現が異なります。wasteは廃棄物のことを指し、industrial waste（産業廃棄物）やmedical waste（医療廃棄物）のように用いられます。litterは「ポイ捨て」という意味になり名詞形でも動詞形でも使うことができます。この他にもjunk（使い物にならないもの）やspace debris（宇宙ゴミ）が関連の表現として挙げられます。またゴミの清掃員をcleanerと表現する日本人学習者が多くいますが、丁寧な表現としてはjanitorやsanitary workerが適切でしょう。

141

Part 2 指定されたテーマについてのスピーチ

DL 37

Question

Describe the neighbourhood you live in.

You should say:

    where it is

    what is special about it

    how you feel being in this neighourhood

and explain why you decided to live there.

🈂️

あなたの住んでいる近隣地域について描写してください。

以下のことについて話してください：

・それがどこか

・何が特別なのか

・そこに住むことについてどう感じるか

そしてなぜその地域に住むことを決めたか説明してください。

Answer

🔍 モデル回答

I live in Kofu, which is located in Yamanashi prefecture. This area is a very interesting place because it is where Takeda Shingen used to rule. Takeda Shingen is a famous military leader in Japanese history. The Takeda Shrine dedicated to him attracts many visitors from all over Japan and the world. What I really like about Kofu is the beauty of the surrounding nature, and especially all the hot springs we have. Going to these to relax is one of my favourite pastimes. Kofu might not have as many buildings or shops as Tokyo or Kanagawa, but I would definitely recommend people visit Kofu if they like history and nature.

6. Neighbours Part2 指定されたテーマについてのスピーチ

訳 私は山梨県にある甲府に住んでいます。この地域は面白い場所であり、かつて武田信玄が支配していました。武田信玄は日本の歴史における有名な武将です。彼のために建設された武田神社は、日本国内だけではなく世界中からの訪問客を魅了しています。甲府の一番好きなところは、その界隈の自然の美しさと、特に温泉です。温泉に行ってリラックスすることは、私の好きな時間の過ごし方の一つです。甲府は、東京や神奈川に比べてビルやお店が少ないですが、歴史や自然が好きな人には、必ず甲府を訪れるようお勧めします。

この単語、たいせつ！

- [ ] rule
  - **動** 統治する
- [ ] recommend
  - **動** お勧めする

このフレーズ、たいせつ！

- [ ] be located in A
  - Aにある
- [ ] dedicated to A
  - Aに捧げる

自分のことを話してみよう！

NOTE：

POINT

「2項イディオム（binomial）類義語の並列」の表現

- history and nature（歴史と自然）
- calm and quiet（落ち着いて静かな）
- safe and sound（安全で健全な）
- neat and tidy（整っていてきちんとしている）
- salt and pepper（塩と胡椒）
- first and foremost（何よりも真っ先に）

143

Part 3 テーマを掘り下げた質問

Question 1

What can people do to help their neighbours?
訳 近所の人の手助けになることは何ですか？

Answer

モデル回答

In order for people to help their neighbours, it is important for them to keep in touch with each other. It may not sound that easy, but one way to do this is to bring back souvenirs when you go on vacation and share them with your neighbours. This is a perfect excuse to go talk to your neighbours in a casual setting. This is a great way to get to know each other better.

訳 近所の人の手助けになるためには、お互いにコミュニケーションを取り合うことが重要です。簡単なことではないかもしれませんが、旅行に行ったらお土産を購入し、近所の人に渡すことも一つの手段です。気軽な心持ちで近所の人と会話ができるとても良いきっかけになります。会話をすることでお互いをより知ることができます。

6. Neighbours Part3 テーマを掘り下げた質問

自分のことを話してみよう！

NOTE：

この単語、たいせつ！
☐ souvenir
　名 お土産
☐ excuse
　名 言い訳、口実

このフレーズ、たいせつ！
☐ in order to A
　A するために
☐ in a casual setting
　気軽な心持ちで

 POINT

「知り合い」の表現

「知っている」という状態動詞はknowですが、動作動詞として使用する場合や知っている状態を継続する場合にはそれぞれに合った表現があります。

- **keep in touch（連絡を取る）**
  Please keep in touch even when you work abroad.「海外で働いても連絡を取り合いましょう。」
- **get to know A（Aのことを知る）**
  Last week I talked to my neighbor and got to know him better.「先週近所の人と話をして、彼のことを良く知ることができました。」
- **acquaintance（知り合い）**
  He is my acquaintance from my previous job.「彼は私の以前の職場からの知り合いです。」

145

Question 2

Should neighbours help each other?

訳 近所の人と助け合うべきだと思いますか？

Answer

モデル回答

Neighbours should definitely help each other. For one thing, it is very likely that a big natural disaster such as a huge earthquake will happen in Japan. Something like this is usually not an event that could be handled easily alone. Besides, neighbours live in the same community, so it just makes sense for everyone to help each other to some extent, even if they do not know their neighbours well.

訳 近所の人々は必ずお互いに助け合うべきだと思います。その理由の一つとして、日本では地震のような大きな自然災害が起こる可能性があるからです。そのような大きな災害が起こった場合、一人では簡単に対応できません。また、同じコミュニティに住んでいるので、親しい間柄ではなかったとしても、みんながお互いにある程度助け合うことは理に適っていると思います。

6. Neighbours Part3 テーマを掘り下げた質問

自分のことを話してみよう！

NOTE：

この単語、たいせつ！
- [ ] definitely
  (副) 必ず

このフレーズ、たいせつ！
- [ ] natural disaster
  自然災害
- [ ] to some extent
  ある程度

POINT

「問題解決」の表現

- **solve（解く）**
  He was praised by his colleagues because he solved a fundamental problem at his office.「彼はオフィスでの根本的な問題を解決したことで同僚から褒められました。」
- **resolve（解く）**
  The issue had already been resolved when my boss arrived.「私の上司が到着した頃にはもう問題は解決していました。」
- **tackle（取り組む）**
  Do not be afraid to tackle a difficult problem once you are in college.「大学に入ったら、難しい問題に取り組むことを恐れないでください。」
- **treat（扱う、論じる）**
  It is essential to treat a problem before it becomes serious.「事態が深刻化する前に問題を論じることが重要です。」
- **handle（対処する）**
  I can't handle this situation.「私はこの状況に対処できません。」
- **deal with A（Aを積極的に対処する）**
  I don't like to deal with difficult customers.「気難しい客に対応するのが好きではありません。」
- **cope with A（Aを何とか対処して乗り切る）**
  The teacher can't cope with this student well.「その先生はこの生徒に上手く対応できません。」

147

Question 3

Do you think people in cities should help each other more than those in small villages?

訳 都会に住んでいる人は、小さな村に住んでいるような人々よりもお互いに助け合うべきだと思いますか？

Answer

モデル回答

It obviously makes sense that people in small, rural villages help each other. There, it's essentially us humans against nature. But in cities, where all the conveniences of modern life are right there at our fingertips, it's too easy to fall into a bubble of your own independence. I think that the kind of help you need from other people in cities is different than in the countryside. Here, it's more about emotional support and community inclusivity.

訳 小さな、地方の村に住んでいる人たちがお互いに助け合うことは納得できます。そのような場所で私たち人間はどうしても自然と闘って生きていかなければなりません。しかし都会の生活では、指先のタッチ一つで現代のあらゆる利便性が手に入るので、個人の力を過信しやすくなります。都会で他者から必要になる助けは、地方の暮らしで必要になるそれとは異なると思います。ここ（都会）では、心の支えと地域の一体感が重要だと思います。

6. Neighbours Part3 テーマを掘り下げた質問

自分のことを話してみよう！

NOTE：

この単語、たいせつ！
- ☐ essentially
  (副) 本質的に

このフレーズ、たいせつ！
- ☐ rural village
  地方の村
- ☐ fall into a bubble
  過信する
- ☐ emotional support
  感情的なサポート
- ☐ community inclusivity
  地域の活動

POINT

「便利」の表現

- **convenient**（便利な）
  Now that I have a car, it is much more convenient to commute to work.「今は車があるので、通勤がだいぶ楽になりました。」
- **at fingertips**（すぐ手に入るところにある）
  I have the information at my fingertips, so let me know if you need it.「その情報はすぐに手に入るので、もし必要であれば言ってください。」
- **at hand**（時間・位置的に近くに）
  Hotel receptionists have to make sure that help is at hand for guests when they arrive.「ホテルのフロント係は、客が来た際にすぐに案内ができるようにしておかなければなりません。」
- **close at hand**（手元に）
  Your mother will need you close at hand to help as she grows older.「あなたのお母さんは歳をとるにつれ、あなたの助けがすぐ近くで必要になります。」
- **accessible**（手に入れることができる）
  A new shampoo is accessible at any drug store.「新しいシャンプーはどのドラッグストアでも手に入れることができます。」

149

Question 4

How can people make good relations with their neighbours?

訳 どうやって近隣の人と良好な関係を築きますか？

Answer

モデル回答

Honestly, it's all about the small gestures. Just saying good morning if you run into your neighbours on the way out of your home in the morning, waving hello to them if you see them across the street. It makes people feel noticed and valued. In this way, if they want to open up and make friends, you've already greased the path for better relations.

訳 正直に言うと、全ては小さな行動の積み重ねだと思います。朝家から出た際、近所の人におはようございます、と挨拶をすることだったり、道の反対側で見かけたら、手を振ることなど。そのような行動によって、近所の人は自分が認識されていて大切にされているのだと感じます。このようにして、もし心を開いて友達になりたいと思った際に、より良好な関係を築く土台を作り上げたことになります。

6. Neighbours **Part3** テーマを掘り下げた質問

自分のことを話してみよう！

NOTE:

このフレーズ、たいせつ！
☐wave hello 　手を振って挨拶する ☐open up 　心を開く ☐grease the path 　土台を作る

💡 POINT

feel＋過去分詞の表現

- feel valued（大切にされていると感じる）

Everyone wants to feel valued.「人は誰でも大切にされていると感じたいです。」

- feel excited（興奮する）

I felt excited before I rode a roller coaster for the first time.「初めてジェットコースターに乗る前、とても興奮しました。」

- feel appreciated（評価されていると感じる）

In order to feel appreciated at work, you should look for ways to make your work more visible.「仕事で評価されていると感じるためには、あなたは自分の仕事がもっと可視化される方法を探すべきです。」

151

7. Friend

Part 1 プライベートに関する質問

Question 1

How often do you go out with friends?
訳 友達とどれくらいの頻度で出かけますか？

Answer

🔍 **モデル回答**

I would say I go out with my friends about two to three times a week. We usually go out for a nice lunch and a cup of coffee.

 週に2, 3回は友人と出かけると思います。素敵な場所でランチをしたり、コーヒーを一緒に飲んだりします。

Topic	一週間に2, 3回出かける　go out two to three times a week
Support	ランチをしたり、コーヒーを飲んだりする have a nice lunch and a cup of coffee

💡 POINT

「自然なリスポンス」の表現

ロボットのようにすぐに回答したり、アイデアがないときに沈黙するのではなく、以下のような自然なリスポンスをするように心がけましょう。

- I would say this one is the best.「私としてはこれが一番良いと思います。」
- This is a tricky question.「これは難しい質問ですね。」
- That's quite a tough question.「かなり難解な質問ですね。」
- Let me see, in my humble opinion, that is not true.「えっとですね、私に言わせていただければそれはありえないです。」
- Well, I don't really know much about this, to be honest.「えっと、これについては正直わかりません。」
- Actually, I have never thought of this kind of question.「実際のところ、そのような質問については考えたことがなかったです。」

7. Friend Part1 プライベートに関する質問

Question 2

Which is more important to you, friends or family?
訳 友人と家族、どちらがあなたにとってより大切ですか？

Answer

モデル回答

Now that I'm in my twenties, my friends are more important to me. I do love my family very much, but I've reached an age where I value my independence.

訳 今は20代なので、私にとって友人が大切です。家族のことはとても大好きですが、自立することを尊重する年齢になりました。

Topic	友人が大切である　friends are more important
Support	自立することに価値を置く　value my independence

POINT

independenceの語源

independenceは「独立」を意味します。independence day（アメリカの独立記念日）をご存知かと思います。まずはコアとなるdependの語源を見ていくとde（下に）＋pend（ぶら下がる）から誰かに依存しているイメージとなります。名詞形のdependenceが「依存」となるため反意後のindependenceは「独立」となります。「自立学習」は形容詞形を用いてindependent learningと言います。pend（ぶら下がる）がつく単語を見てみてると首にぶら下げるpendant（ペンダント）、肩にかけるsuspender（サスペンダー）、pendulum（振り子）も同語源です。

自分のことを話してみよう！

NOTE：

Question 3

What do you like to do with your friends?
🈹 友人と何をするのが好きですか？

Answer

 モデル回答

As I mentioned before, I enjoy going out to eat with my friends. I also love to watch movies and go shopping with them.

 先ほども言った通り、友人とは一緒に食事をすることが好きです。映画を見たり、買い物に一緒に出かけることも好きです。

Topic	食事をすること　going out to eat
Support	映画を見たり、買い物を一緒にすることも好き love to watch movies and go shopping

💡 POINT

「繰り返し」の表現

スピーキングやライティングでは「繰り返しは避けるべき（Repetition should be avoided.）」が鉄則です。同じ単語や表現を繰り返さずParaphraseしましょう。また再び同じ内容を繰り返すときの前置きとして以下のような表現が使えます。
- As I mentioned before, 「先ほど申し上げたように」
- As I told you, 「先ほども申し上げたのですが」＊嫌味が含まれる表現
- Like I said, 「先ほども言った通り」＊強めの表現

自分のことを話してみよう！

NOTE：

Question 4

What kind of people do you like to have as a friend?
訳 どのような人と友人になりたいですか？

Answer

🔍 モデル回答

I like to spend time with people that inspire me to try new things. Many of my friends are outgoing and adventurous, both in their careers and private lives.

訳　新しいことに挑戦したいと思わせてくれる人と時間を過ごしたいです。私の友人の多くは仕事においても、私生活においても外向的で、冒険好きな人が多いです。

Topic	新しいことに挑戦する気持ちにさせてくれる人と時間を過ごす
	spend time with people that inspire me to try new things
Support	外向的で冒険的な人が多い　outgoing and adventurous

💡 POINT

「遊ぶ」の表現

日本語では年齢や内容にかかわらず「遊ぶ」「遊びに行く」といった表現が使えますが、よく誤用されるplayは子どもが公園で遊んだりする時に使われるため、大人が使うと幼稚な印象を与える可能性があります。

- play（遊ぶ）
  My kids are playing with their friends.「私の子どもは友達と遊びます。」
- spend time with A（Aと一緒に過ごす）
  It is nice to spend time with my family for holidays.「休日は家族と一緒に過ごすのが楽しいです。」
- hang out with A（Aと出かける）
  I enjoy hanging out with my friends.「友人との外出を楽しみます。」

自分のことを話してみよう！

NOTE：

Part 2 指定されたテーマについてのスピーチ

Question

DL 40

Describe your best friend from your childhood.

You should say:
> where you met
> how long you have known him/her
> what is special about him/her

and explain how you feel about this person

訳

幼少期からの親友について描写してください。

以下のことについて話してください：

・どこで会ったのか

・彼 / 彼女をどのくらいの期間知っているのか

・彼 / 彼女について特別なことはなにか

そしてその人についてどう感じるのか説明してください。

Answer

モデル回答

When I recall my childhood, I think that I encountered many good friends and I can call all of them my best friends. But if I have to select just one, it would be my childhood friend John. We have known each other for over 20 years. What is unique about our relationship is that we share a common hobby, of playing golf. His sense of humour also really speaks to me, which creates a sense of unity between us. That sounds simple, but John's positive outlook towards life is something I really value. Not only is John useful when you want to have fun and enjoy yourself, but he's also a caring and empathetic friend when you're in trouble. He saw me through the trials and tribulations of my growing years. And I know I can always rely on him. I am very thankful to John for being my best friend, because he is what makes me who I am today.

7. Friend **Part2** 指定されたテーマについてのスピーチ

訳 　私の幼少期を思い返すと、私はたくさんの良い友人に出会い、全員を親友と呼ぶことができると思います。
しかし、たった一人を選ばなければいけないのならば、幼少期の友達、ジョンでしょう。私たちは20年以上の知り合いです。私たちの関係でユニークなのはゴルフという共通の趣味があることです。彼のユーモアのセンスも実に私の心を打ちますし、それによって私たちの一体感が生まれます。単純に聞こえますが、ジョンの人生に対するポジティブな展望は、私が本当に評価するところです。ジョンは楽しみたい時に役に立ってくれるだけでなく、困っている時に思いやってくれて共感してくれる友人でもあります。彼は私の子どもの頃の幾多の試練を通して私を見てくれました。そしていつでも彼を頼れることを知っています。彼は私を今の私でいさせてくれる人なので、私の親友でいてくれてジョンにはとても感謝しています。

この単語、たいせつ！

- ☐ encounter
  - 動 **出会う**
- ☐ empathetic
  - 形 **共感できる**

このフレーズ、たいせつ！

- ☐ speak to A
  - **A（の心）を打つ**
- ☐ rely on A
  - **Aに頼る**
- ☐ trials and contributions
  - **幾多の試練**

自分のことを話してみよう！

NOTE：

💡 **POINT**

sense の表現

- **sense of humour（ユーモアの感覚）**
  He has a great sense of humor.「彼は高いユーモアのセンスがあります。」

- **sense of accomplishment（達成感）**
  I felt a sense of accomplishment after I received the award.「賞をもらったときに達成感を感じました。」

- **sense of purpose（目的意識）**
  When you work, it is better to have a sense of purpose.「働く時、目的意識を持って取り組む方が良いです。」

- **in a sense（ある意味では）**
  He is clever in a sense.「彼はある意味ずる賢いです。」

157

Part 3 テーマを掘り下げた質問

Question 1

What do you think is important to maintain a good friendship?
訳 良い友人関係を保つために何が重要だと思いますか？

Answer
🔍 モデル回答

I think it is essential to keep frequent contact with people, while at the same time being respectful of each other. Keeping in touch is necessary so that you are aware of what is going on in each other's lives. However, it is important that you are not asking too many personal questions and invading their privacy. Keeping a good balance between intimacy and keeping an appropriate distance in this way is key to maintaining a good friendship.

訳 お互いに敬意を払いながら、頻繁に連絡を取り続けることが不可欠だと思います。連絡を取り合うことはお互いの生活がどうなっているのかを知っておくためにも必要です。しかし、個人的な質問を多く聞きすぎないことやプライバシーを侵害しないことは重要です。親密さと適切な距離とのバランスを維持することは、良い友人関係を保つための鍵です。

7. Friend **Part3** テーマを掘り下げた質問

自分のことを話してみよう！

NOTE :

この単語、たいせつ！

☐ intimacy
　⑧ 親密さ

このフレーズ、たいせつ！

☐ keep frequent contact
　頻繁に連絡を取り続ける

☐ be respectful of A
　Aに敬意を払う

☐ invade one's privacy
　プライバシーを侵害する

☐ keep an appropriate distance
　適切な距離を保つ

☐ maintain a good friendship
　良い友人関係を保つ

💡 **POINT**

「友情関係」の表現

- **being honest（正直でいる）**
  You say that I am mean but I am just being honest with you.「君は僕が失礼だと言うが、僕は君に正直でいるだけです。」

- **trust each other（互いを信頼する）**
  If you are in a relationship, it is essential to trust each other.「もし誰かと親しい関係にあるなら、お互いを信頼することが重要です。」

- **keep frequent contact（頻繁に連絡を取り合う）**
  I still keep frequent contact with my colleagues from my previous company.「前職の同僚たちといまだに頻繁に連絡を取り合います。」

- **keep a balance（バランスをとる）**
  Women sometimes struggle with keeping a balance between motherhood and work.「女性は時折母親でいることと仕事とのバランスをとることに苦労します。」

159

Question 2

How has modern technology changed our friendships?

訳 現代の科学技術は私たちの友人関係をどのように変えましたか？

Answer

🔍 **モデル回答**

The emergence of various social media websites has greatly influenced the way people interact with each other. They have made it possible to share parts of our lives with people who are thousands of miles away. This makes me feel like I met my friends just a few weeks ago, even if I have not met them for a while. In addition, social media sites have made it much easier for people to connect with new people with similar interests.

訳 様々なソーシャルメディアサイトの登場は私たちの交流手段に大きな影響を与えました。ソーシャルメディアは、遠く離れた人と生活の一部を共有することを可能にしました。このおかげで、私は友人たちとしばらく会っていなくても、数週間前に会ったかのような気になります。加えて、ソーシャルメディアサイトによって似たような趣味を持つ人々と交流することがかなり簡単になりました。

7. Friend Part3 テーマを掘り下げた質問

自分のことを話してみよう！

NOTE：

この単語、たいせつ！
- ☐ emergence
  - (名) 登場
- ☐ interact
  - (動) 交流する

このフレーズ、たいせつ！
- ☐ various social media websites
  - 様々なソーシャルメディアサイト
- ☐ people with similar interests
  - 趣味を持つ人々

 POINT

makeの表現

- **make it possible（可能にする）**
  The Internet made it possible for people to gather information easily.「インターネットは人々が情報を簡単に入手することを可能にしました。」
- **make it difficult（困難にする）**
  Rain makes it difficult for kids to play outside.「雨は子どもたちが外で遊ぶことを困難にします。」
- **make A happy（Aを幸せにする）**
  My daughter cleaned the living room which makes me happy.「娘がリビングを片付けてくれて、私は嬉しいです。」

161

Question 3

How can people make new friends?

訳 人々はどのように新たな友人をつくりますか？

Answer

モデル回答

One way of making new friends is to go to social events that interest you. These days, you can find various events online very easily. You may be able to meet people from the same generation as you, and that common interest is likely to help you a lot in starting a conversation with a stranger. This kind of experience leads to developing people's communication skills.

訳 新たな友人を作る一つの方法は、自分の興味を引く社交的な催しに行くことです。最近では、オンラインでとても簡単に様々な催しを見つけることができます。自分と同じ世代の人々と出会うことができるかもしれないし、共通の興味関心は、見知らぬ人と会話をはじめるのに役立つでしょう。こうした経験はコミュニケーションスキルを高めることにも繋がります。

7. Friend Part 3 テーマを掘り下げた質問

自分のことを話してみよう！

NOTE:

この単語、たいせつ！

☐ generation
　名 世代

このフレーズ、たいせつ！

☐ conversation with a stranger
　見知らぬ人との会話

☐ develop people's communication skills
　コミュニケーションスキルを高める

POINT

「イベント」の表現

- **party**（誰かの家や外の場所を借りてのパーティー）
  I will hold a birthday party at my place, if you want to join.「私の家で誕生日会を開きます。もし良ければ参加してください。」
- **go clubbing**（音楽が流れているようなクラブに行く）
  It is popular among young people to go clubbing on weekends.「若い人たちの間で週末にクラブに行くことが人気です。」
- **mingle**（人に混じる）
  When I studied abroad, I mingled with as many people as possible.「留学をした時、出来るだけ多くの人のなかに混じりました。」
- **socialise**（社交的に交際する）
  When you go to a party, you should socialise yourself with other participants.「パーティーに行ったら、他の参加者と交流した方がいいです。」

163

Question 4

Do you think that childhood relationships and adult relationships are different?

訳 子どもと大人では人間関係が異なると思いますか？

Answer

🔍 モデル回答

Yes, it could be said that childhood relationships are simple and adult relationships are rather more complicated. To put this another way, the older you get, the more problems you have. When people are young, what they fight over might be as simple as a single toy. Once they get older, the issues they face become more complex, especially those that involve relationships between people.

訳 はい、子どもの人間関係は単純で大人の人間関係はずいぶん複雑だと言ってよいでしょう。別の言い方をすれば、年を重ねるほど、より多くの問題を抱えるということです。若いとき争うことと言えば、1つの玩具くらい単純なことかもしません。年を重ねると、人々が直面する問題、特に人と人との関係に関わる問題はより複雑になります。

7. Friend Part 3 テーマを掘り下げた質問

自分のことを話してみよう！

NOTE：

このフレーズ、たいせつ！

- ☐ childhood relationships
  子どもの人間関係
- ☐ adult relationships
  大人の人間関係
- ☐ to put this another way
  別の言い方をすれば
- ☐ as simple as a single toy
  一つの玩具ぐらい単純

POINT

「シンプルと複雑」の表現

- **keep it simple（物事をシンプルに保つ）**
  Do not think too much, let's keep it simple. 「あまり考えすぎず、シンプルに考えましょう。」
- **manageable（扱いやすい）**
  The boss let Tom deal with an issue because he thought it was manageable. 「上司はその問題が扱いやすいと思ったので、トム自身で取り組ませました。」
- **complicated（困難が伴い）**
  A mathematician succeeded in solving a complicated formula. 「数学者は複雑な数式を解くことに成功しました。」
- **complex（複合的要素があり）**
  She was amazed by the complex design of the art. 「彼女はその芸術品の複雑なデザインに魅了されました。」

8. Food

Part 1 プライベートに関する質問

Question 1

What food do you like eating?
訳 どんな食べ物が好きですか？

Answer

🔍 **モデル回答**

I love Chinese food. Since my parents love Chinese food, I usually have it <u>once a week</u>. This has been true since my early childhood.

 私は中華料理が大好きです。私の両親も中華料理が大好きなので、大抵週に1回は中華料理を食べます。これは私が幼い頃からずっとそうです。

Topic	中華料理が大好き　love Chinese food
Support	週に1回は食べる　have it once a week

💡 POINT

「時間・頻度」の表現

- **once a week**（週に1回）
  I usually go to Spanish restaurant once a week.「私は普段スペインレストランに週に1回は行きます。」
- **twice a month**（月に2回）
  Since I love Italian food, I have it twice a month.「イタリアンが好きなので、月に2回は食べます。」
- **three times a year**（年に3回）
  My wife and I go to a fancy restaurant three times a year.「私は妻と高価なレストランに年に3回は行きます。」

自分のことを話してみよう！

NOTE：

8. Food **Part 1** プライベートに関する質問

Question 2

Do you usually cook or eat out?

訳 普段は料理をしますか、それとも外食をしますか？

Answer

 モデル回答

I usually eat out with my family. We always order large portions so that we can take away the leftovers and eat them at home the following day.

 私は普段家族と外食をします。食べ残ったものを持ち帰って次の日に家で食べられるように、いつも量を多めに注文します。

Topic	家族と外食をする　eat out with my family
Support	多く注文する　order large portion

POINT

eatの表現

コーパス言語学の発展によりビッグデータから使用頻度が分析できるようになりました。こちらはBritish National Corpusでeatのあとに続く食べ物を検索したときのランキングです。

1. meat（肉）
2. fish（魚）
3. bread（パン）
4. sandwich（サンドイッチ）
5. fruit（フルーツ）
6. cake（ケーキ）
7. chocolate（チョコレート）
8. egg（卵）
9. cheese（チーズ）
10. vegetable（野菜）

自分のことを話してみよう！

NOTE:

Question 3

In general, do you prefer eating out or eating at home?
訳 概して、外食と家で食事をするのとではどちらが好きですか？

Answer

🔍 モデル回答

I prefer eating out, because cooking is time-consuming, especially for me. Dining out <u>allows me to</u> save a lot of time, but also to experience a wide variety of food.

 私は外食する方が好きです。なぜなら、特に私にとって、料理は時間がかかるからです。外食することによって、たくさんの時間を節約することができるだけでなく様々な食べ物を味わうことができます。

Topic	外食する方が好き　prefer eating out
Support	時間を節約することができる　save a lot of time

💡 POINT

「無生物主語」の表現

生物でないものを主語にした無生物主語の文章を使用すると高得点に繋がります。無生物主語は「原因」「理由」「方法」「手段」「条件」を主語にした形があります。日本語の直訳からは発想しづらいのでいくつかのパターンを練習しておくといいでしょう。

- **A enabled me to ～（Aのおかげで～できた）** ＊＝ I was able to ～
  Taking a taxi enabled me to make it to the concert.「タクシーに乗ったおかげでコンサートに間に合わせることができました。」
- **A prevents me from ～ ing（Aのせいで～できない）** ＊＝ I can't
  The rain prevents me from going shopping.「雨のせいで買い物に行けません。」
- **A forced me to ～（Aのせいで～しなくてはならなかった）** ＊＝ I had to ～
  A test forced me to wake up early.「テストのせいで早く起きなければなりませんでした。」

自分のことを話してみよう！

NOTE：

8. Food Part 1 プライベートに関する質問

Question 4

What types of food are popular in your country?

訳 あなたの国ではどんな種類の食べ物が人気ですか？

Answer

🔍 モデル回答

We Japanese people love Chinese cuisine. We have not only the traditional Chinese food but also our original style of Chinese food. If you have a chance to visit Japan, it is definitely worth trying our unique take on Chinese food.

訳 私たち日本人は中華料理が大好きです。伝統的な中華料理だけでなく私たち独自のスタイルの中華料理もあります。もし日本を訪れる機会があれば、私たちならではの中華料理を絶対に試す価値があります。

Topic	中華料理が大好き　love Chinese cuisine
Support	独自のスタイルの中華料理がある　original style of Chinese food

💡 POINT

「食事」の表現

食事を表す表現は色々あります。例えばmealは時間と結びついた「食事」を示すので、朝食、昼食、夕食のどれかを示します。比べてcuisineはtraditional cuisine（伝統料理）など、地域や伝統に結びついた料理方法を示すことが多いです。foodは一般的な「食べ物」を表し、I like food.「食べ物が好きです」などの広い意味で使用されます。dishはある特別な調理方法で調理された食事のことを示し、vegetarian dish（野菜のみを使用した料理）などがあります。

自分のことを話してみよう！

NOTE：

169

Part 2 指定されたテーマについてのスピーチ

Question

Describe a restaurant that you enjoyed going to.

You should say:
- where the restaurant was
- why you chose this restaurant
- what type of food you ate in this restaurant

and explain why you enjoyed eating in this restaurant.

訳

あなたが好きなレストランについて描写してください。
以下のことについて話してください：
- そのレストランがどこにあるのか
- なぜそのレストランを選んだのか
- そのレストランで何を食べたのか

そしてなぜそのレストランで食べるのが楽しいのかを説明してください。

Answer

モデル回答

Last summer, my mother and I visited one of the most luxurious Chinese restaurants in Tokyo. The kind of place where you have a dress code. This restaurant is located near the Tokyo Skytree. I chose this restaurant because that day was my mother's birthday and I really wanted to celebrate her and make her feel cherished. I also wanted to give my mother the experience of eating out in a fancy place in a big city like Tokyo, because we come from the countryside and that is very unusual for us. Unfortunately, my father was not able to dine out with us because he had some urgent work to finish, so only my mother and I went to the restaurant. This restaurant served real, authentic Chinese food. Unlike popularised Chinese food served in our area, the taste was incredibly rich. The nighttime scenery there was completely beyond description. Even now, I sometimes dream of going to that restaurant again, this time with my father. The most important thing is that my mother fully enjoyed our dinner. Since she is a big fan of Chinese food, her eyes glittered like a child's each time the staff brought out another dish. Her smile filled with happiness also made my day memorable.

8. Food Part2 指定されたテーマについてのスピーチ

 昨年の夏、母と私は東京で最も高級な中華料理店を訪れました。ドレスコードがあるようなお店です。このレストランは東京スカイツリーの近くにあります。その日が母の誕生日で、本当に母をお祝いして大切にされていると実感してほしかったので、そのレストランを選びました。私たち親子は田舎出身なので、東京のような大都市の高級な店で外食する経験を母にさせてあげたかったし、それは私たちにとって非日常でした。残念なことに、父は終わらせなければならない緊急の仕事があったため、私たちと外食することができず、母と私だけでそのレストランに行きました。レストランは本格的な中華料理を提供しています。私たちの町で提供されているような大衆化された中華料理とは違い、その味は信じられないほど豊かでした。店からの夜景は全く言葉では言い表せないものでした。今でも時々、今度は父とそのレストランに行くことを夢見ています。最も重要なのは私の母がその食事をしっかり楽しんでくれたことです。母は中華料理が大好きなので、スタッフが次の皿を持ってくる度に、母の目は子どものように輝いていました。母の笑顔は幸せで満ちていて、その笑顔で私の一日も思い出深いものになりました。

この単語、たいせつ！
- [ ] luxurious
  形 高級な
- [ ] authentic
  形 本格的な
- [ ] glitter
  動 輝く

このフレーズ、たいせつ！
- [ ] beyond description
  言葉では言い表せないほど

POINT

「感動」の表現

- **amazed**（予想を覆されて強く驚く）
  I was amazed when my colleague told me that he is leaving the company. 「同僚が会社を辞めると聞いた時、とてもびっくりしました。」
- **amazing**（素晴らしい）
  Your skills in the kitchen are honestly amazing. 「キッチンでのあなたの技術は正直に言って素晴らしいです。」
- **surprised**（瞬間的に驚く）
  I was surprised to see a cockroach. 「ゴキブリを見て驚きました。」
- **surprising**（驚くべき）
  It's a little surprising to hear that she was the one to get the promotion. 「昇進するのが彼女だと聞いて少し驚きです。」
- **astonished**（とても驚かされる）
  I was astonished to hear how cheap the food was in Vietnam. 「ベトナムで食べ物がどれだけ安いかを聞いて、私はとても驚きました。」
- **astonishing**（とても驚かせる）
  It's frankly astonishing how dense you can be. 「率直に言ってあなたがそんなに鈍感だとはとても驚きです。」
- **moved**（感動的で心を動かされた）
  I was moved to tears by the film. 「私は涙を流すほどその映画に心を動かされました。」
- **moving**（感動的で心を動かす）
  It was a moving time in history. 「それは歴史上で感動的な時でした。」

171

Part 3 テーマを掘り下げた質問

Question 1

Do you think that people eat healthier food now than they did in the past?
訳 人々は昔より今の方が健康的な食べ物を食べていると思いますか？

Answer

🔍 モデル回答

Definitely yes. People <u>in general</u> avoid eating fast food these days, because we know that junk food, <u>on the whole</u>, is bad for your health, and it has been definitively linked to various health conditions such as obesity or diabetes. An obvious indicator of this trend is that life expectancy around the world has been on the rise. This is clearly related to our lifestyles and the food we eat.

訳 当然そうです。最近では、人々は一般的にファストフードを食べることを避けます。なぜなら私たちはジャンクフードが概して健康に悪いことを知っているからであり、肥満や糖尿病といった様々な健康状態と確実に関連しているからです。世界中で寿命が伸びていることがこの傾向を明らかに示しています。これははっきりと私たちのライフスタイルや食べ物に関連しています。

8. Food Part3 テーマを掘り下げた質問

自分のことを話してみよう！

NOTE：

この単語、たいせつ！

- [ ] obesity
  图 肥満
- [ ] diabetes
  图 糖尿病
- [ ] indicator
  图 指標

このフレーズ、たいせつ！

- [ ] avoid eating fast food
  ファストフードを食べることを避ける
- [ ] life expectancy
  寿命

POINT

「一般的な事柄」の表現

例外があることを認めつつ（一般的には）（概して）と話すことができます。

- **in general（一般的に）**
  In general, babies cry when they are hungry.「一般的に、赤ん坊はお腹が空くと泣きます。」
- **on the whole（概して）**
  On the whole, the presentation went pretty well.「概してプレゼンテーションは上手くいきました。」
- **by and large（全体的に）**
  There are a few things that I do not like about my job, but by and large it's pretty satisfying.「仕事で苦手なことはいくつかありますが、全体的には満足しています。」

173

Question 2

Do you think it is important to have meals together with your friends to maintain a good friendship?

訳 良好な関係を保つために友人と一緒に食事をすることは重要だと思いますか？

Answer

🔍 モデル回答

Personally, I love to eat meals alone, since I just want to focus on the food I eat. But I also love to talk with friends over a cup of coffee in a comfortable environment. Casual chats therefore would be enough to keep a good relationship with friends, as far as I'm concerned.

訳 食事に集中したいので、個人的には一人で食べるのが好きです。しかし、心地のいい場所でコーヒーを飲みながら友人と話すのも大好きです。なので、私が思うには、友人との良好な関係を保つにはカジュアルなおしゃべりで十分です。

8. Food Part3 テーマを掘り下げた質問

自分のことを話してみよう！

NOTE:

このフレーズ、たいせつ！

☐ focus on A
　Aに集中する

☐ over a cup of coffee
　コーヒーを飲みながら

☐ in a comfortable environment
　心地のいい場所で

☐ keep a good relationship
　良好な関係を保つ

 POINT

as far asの表現

as far as... 「〜の限りでは、〜の範囲では」は接続詞的に使用し範囲を表します。

- **as far as I am concerned**（私に関する限りは）
  As far as I am concerned, cucumber is not nutritious. 「私が思うにきゅうりは栄養がありません。」
- **as far as I know**（私が知っている限りでは）
  As far as I know, Tom is wealthy. 「私が知っている限りではトムは裕福です。」
- **as far as I can see**（私が見る限りでは）
  As far as I can see, there are no errors. 「私が見る限りではミスはない。」

Question 3

What are the advantages and disadvantages of having fast food?

訳 ファストフードを食べることの利点と欠点は何ですか？

Answer

モデル回答

It is simply easy and convenient to eat fast food. Wherever you are, you can access a reliable and consistent taste with a reasonable price. But the negative aspects outweigh the benefits. In many cases, the food is highly processed and contains large amounts of carbohydrates, added sugar, unhealthy fats, and salt, which leads to a risk of various diseases.

訳 ファストフードを食べることはまったく簡単で便利です。どこにいても、信頼できて変わることのない味をお手頃な値段で手に入れることができます。しかし、悪い側面のほうが良いことよりも多いです。多くの場合、ファストフードはひどく加工されていて、大量の炭水化物や添加された糖分、健康的でない脂質、塩分を含んでおり、様々な病気のリスクに繋がります。

8. Food Part3 テーマを掘り下げた質問

自分のことを話してみよう！

NOTE：

この単語、たいせつ！

- ☐ reliable
  - 形 信頼できる
- ☐ consistent
  - 形 変わることのない
- ☐ outweigh
  - 動 よりまさる
- ☐ carbohydrate
  - 名 炭水化物
- ☐ fat
  - 名 あぶら

このフレーズ、たいせつ！

- ☐ reasonable price
  - お手頃な値段
- ☐ various diseases
  - 様々な病気

 POINT

「欠点」の表現

- **disadvantage（不利益）**
  One disadvantage of living in a city is the heavy traffic.「都会に住む難点の一つはひどい交通渋滞です。」

- **negative aspect（マイナス面）**
  Nowadays, we tend to forget about negative aspects of the internet.「この頃私たちはインターネットのマイナス面を忘れがちです。」

- **drawback（欠点）**
  The drawback to the plan is that it will cost too much.「その計画の唯一の欠点は、費用がかかりすぎてしまうという点です。」

Question 4

Has modern technology changed the way we eat?

訳 現代の科学技術は私たちの食生活をどのように変えましたか？

Answer

モデル回答

It has changed it dramatically. Modern mobile apps provide you with innumerable options at a single click, and you can get your food from almost any restaurant. These apps can suggest our favourite food according to our search history and taste preferences. In the future, we will be able to customise our food depending on our preferences and health conditions.

訳 現代の科学技術は私たちの食生活を劇的に変えました。現代の携帯電話のアプリは、数え切れないほどの選択肢をクリック一つで与えてくれ、どんなレストランにも注文することができます。このようなアプリは、私たちの検索履歴や味の好みの傾向に従って、好みの食事を提案してくれます。将来的には、私たちの好みや健康状態によって、食事メニューを組み合わせることができるようになるでしょう。

8. Food Part3 テーマを掘り下げた質問

自分のことを話してみよう！

NOTE:

この単語、たいせつ！
- ☐ dramatically
  (副) 劇的に
- ☐ suggest
  (動) 提案する

このフレーズ、たいせつ！
- ☐ taste preference
  味の好み
- ☐ health condition
  健康状態

POINT

「数多く」の表現

- **many**（可算名詞に対して多くの）
  There were so many people at the party.「パーティーにはたくさんの人がいました。」
- **a lot of A**（不可算名詞にも使える多くの）
  I cried a lot when I was a child.「子どもの頃はよく泣きました。」
- **a great deal of A**（非常に多くの）
  He put a great deal of effort into the project.「彼はそのプロジェクトに非常に多くの努力をつぎ込みました。」
- **tons**（山ほどの）
  He had to change his email address because he used to get tons of junk mail.「彼は以前山ほどの迷惑メールを受け取っていたので、メールアドレスを変えなくてはなりませんでした。」
- **plenty of**（十分な）
  Do not rush, you have plenty of time.「急がないで、時間は十分あります。」
- **numerous**（非常に多くの）
  The student made numerous errors in the essay.「その学生はエッセイで多くのミスをした。」
- **innumerable**（数え切れないほどの）
  An Olympic champion has overcome innumerable difficulties in the past.「そのオリンピックチャンピオンは過去に数え切れないほどの困難を乗り越えてきました。」

9. pets

Part 1 プライベートに関する質問

Question 1

Do you have any pets?
訳 ペットを飼っていますか？

Answer

モデル回答

I have two dogs, called Momo and Kuro. They are both toy poodles, and so cute and adorable.

訳 犬を2匹飼っていて、モモとクロと言います。両方ともトイプードルで、とても可愛くて愛おしいです。

Topic	犬を2匹飼っている　have two dogs
Support	両方ともトイプードル　both toy poodles

POINT

動物を修飾する形容詞

- **fluffy**（触り心地がフワフワした）
  I like how fluffy a poodle is.「私はプードルのフワフワした毛が好きです。」
- **domesticated**（飼いならされた）
  Domesticated horses are usually calm.「飼いならされた馬は通常穏やかです。」
- **marine**（海洋の）
  A dolphin is a marine mammal.「イルカは海洋性哺乳類です。」
- **exotic**（外来種の）
  Capybara is one of exotic animals I want to keep in the future.「カピバラは私が将来飼育したい外来種のペットのうちの一種です。」
- **feral**（野生の）
  There are cases where feral dogs have injured domestic ones.「野生の犬が家庭で飼いならされた犬を襲ったことがありました。」
- **stray**（野良の）
  My mother did not agree with me keeping a stray cat.「母は私が野良猫を飼うことに賛成しませんでした。」

9. pets **Part1** プライベートに関する質問

Question 2

What animal do you like the best?
訳 一番好きな動物は何ですか？

Answer

 モデル回答

My favourite animals have always been dogs, ever since I was a child. Recently, however, I also started to get interested in cats.

 私の好きな動物は、子どもの頃からずっと犬です。でも最近は、猫にも興味を持ち始めました。

Topic	好きな動物は犬　favourite animals are dogs
Support	猫にも興味を持ち始めた　started to get interested in cats

POINT

「動物」の表現

動物の名前を効率的に覚えるときには子供用のPicture Dictionaryを活用しましょう。イラストや写真と文字を同時に提示されることで記憶に残りやすくなります。また英語特有の動物の発音にも要注意です。

- dog（犬）
- cow（牛）
- elephant（象）
- pigeon（鳩）
- deer（鹿）
- lion（ライオン）
- giraffe（キリン）
- penguin（ペンギン）
- zebra（シマウマ）
- ostrich（ダチョウ）

自分のことを話してみよう！

NOTE：

181

Question 3

Should kids have pets in school?
訳 学校で動物を飼育するべきだと思いますか？

Answer

🔍 モデル回答

I think it depends on how old the children are. If the kids are old enough to take good care of them, having a class pet can teach children to be kind and affectionate towards animals.

 生徒の年齢によると思います。もし子どもがきちんと動物の飼育をできる年齢であれば、クラスでペットを飼育することで、動物へ優しさや愛情を持って接することを学べると思います。

Topic	生徒の年齢による　depends on how old the children are
Support	動物へ優しさや愛情を持って接することを学ぶことができる animals can teach children to be kind and affectionate towards animals

💡 POINT

世話するの表現

- **take care of A（Aの世話をする）**
  I need someone to take care of my dog while I am on a business trip.「出張の間に私の犬の世話をしてくれる人が必要です。」
- **look after A（Aの世話をする）**
  Zookeepers look after animals with great care and affection.「動物園の飼育員は慎重に、愛情をもって動物の世話をします。」
- **babysit（子どもの世話をする）**
  I sometimes babysit my niece.「私はたまに姪の面倒を見ます。」
- **watch（看護する）**
  The doctor watched the patient all night long.「医者はその患者を一晩中看護しました。」

Question 4

Which animal is the most popular pet in your country?
訳 あなたの国で、ペットとして最も人気の動物は何ですか？

Answer

 モデル回答

In Japan, many people have small dogs such as chihuahuas and toy poodles. Japanese houses are often quite small, so it is easier to have smaller pets.

 日本では多くの人々がチワワやトイプードルなどの小型犬を飼っています。日本の家は狭いことが多いので、小さいペットの方が気軽に飼うことができます。

Topic	チワワやミニチュアプードルなどの小型犬
	small dogs such as chihuahuas and mini poodles
Support	日本の家は狭いので小さいペットの方が気軽
	houses are small, so it is easier to have smaller pets

POINT

「ペット」の表現

Chihuahua（チワワ）
Corgi（コーギー）
Beagle（ビーグル）＊スヌーピーのモデルとなった犬
Golden retriever（ゴールデンレトリバー）
Poodle（プードル）＊日本で人気なのが toy poodle
Shepherd（シェパード）
Schnauzer（シュナウザー）＊ドイツ語で「顎ひげ」
Dachshund（ダックスフンド）＊ドイツ語で「Dachs」は「アナグマ」、「Hund」は「犬」

自分のことを話してみよう！

NOTE：

Part 2 指定されたテーマについてのスピーチ

Question

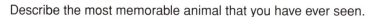

Describe the most memorable animal that you have ever seen.

You should say:
　　what animal it is
　　when and where you saw it
　　how you felt about it
and explain why the animal is so memorable.

訳

今まであなたが見た、最も印象に残った動物について描写してください。
以下のことについて話してください：
　・その動物は何か
　・いつどこでその動物を見たか
　・その動物に対してどう感じたか
そしてなぜその動物が印象的だったのか説明してください。

Answer

モデル回答

The most memorable animal I have ever seen is this colourful bird I saw in Australia. It was at a park in Sydney, and I remember so clearly how vivid its feathers were, like a rainbow. This is why it really stood out from the other birds at the park. It wasn't a kind of bird you could see in Japan, and I wanted to know more about it. This bird really stuck in my mind, especially because its chirping was very distinctive and something that I had never heard before. Unfortunately, I never found out the name of the bird – it didn't even stay long enough for me to take a photo of it. But ever since then, my interest in wildlife, especially rare and endangered species around the world, has developed. I wouldn't say that this interest stretches to actually going out and birdwatching, for example, but I do like to stay informed about all kinds of animals.

9. pets **Part2** 指定されたテーマについてのスピーチ

訳 　今まで見た動物の中で最も印象に残ったのは、オーストラリアで見たカラフルな鳥です。その鳥を見たのはシドニーの公園で、羽の色が虹のように、とても鮮やかだったのをはっきりと覚えています。公園にいるどの鳥よりも一番目立っていたのはそのせいです。日本で見ることのできるような鳥ではなかったので、その鳥のことをもっと知りたくなりました。その鳥は私の心に残り、特にその鳴き声はとても特徴的で、今まで聞いたことのないようなものでした。残念ながら、その鳥の名前を知ることはできませんでした—それどころか、写真を撮る暇さえなく、その場からいなくなってしまったのです。しかしそれ以来、世界に生息する珍しい、絶滅危惧種の野生動物への興味が高まりました。実際に私が外出して、バードウォッチングをするほどまでの関心はありませんが、あらゆる種類の動物について常に知っていたいと思うようにはなりました。

このフレーズ、たいせつ！

☐ stand out
　目立つ

☐ endangered
　species
　絶滅危惧種

自分のことを話してみよう！

NOTE :

💡 **POINT**

「絶滅」の表現

endangeredは（まだ存在しているが数が非常に少なくなっている）という意味です。danger（危険）に動詞化接頭辞のenを加えてendanger（危険にさらす）となりました。extinctは（この地球上から完全にいなくなった）という意味になり、動詞形のextinguish（消す）という一般的な意味から（絶滅させる）という解釈となりました。名詞形はextinction（絶滅）となりon the verge ofという表現を使ってPandas are on the verge of extinction.「パンダは絶滅寸前である。」のように表すこともできます。

185

Part 3 テーマを掘り下げた質問

Question 1

Why do some people like to have pets?
訳 人はなぜペットを飼うと思いますか？

Answer

モデル回答

One of the biggest reasons why people like to have pets is that they have the power of relieving people's stress. People may be stressed out with their work or school, but their pets' unconditional love often lets them forget their hardships temporarily. This means that pets have the potential of brightening up people's lives. However, if you have pets, there is the disadvantage of not being able to travel as often, since pets need to be fed and cleaned on a regular basis. Plus, they get lonely when their owners leave them behind.

訳 ペットを飼う最も大きな理由は、ペットが人々のストレスを軽減する力を持っているからです。人は、仕事や学校でストレスを感じることがありますが、ペットの無償の愛は、一時的に人々の苦労を忘れさせてくれることがしばしばあります。これはペットが、人々の生活を明るくする可能性を持っているということです。しかし、ペットを飼っていると、頻繁に旅行に行けないという短所があります。ペットに定期的に食事を与え、清潔に保つ必要があるからです。さらに、飼い主に置いていかれると、ペットは寂しく感じてしまいます。

9. pets `Part 3` テーマを掘り下げた質問

自分のことを話してみよう！

NOTE：

この単語、たいせつ！

☐ hardship
　名 苦労

☐ temporarily
　副 一時的に

このフレーズ、たいせつ！

☐ relieve people's stress
　人々のストレスを軽減する

☐ unconditional love
　無償の愛

☐ brighten up people's lives
　人々の生活を明るくする

☐ on a regular basis
　定期的に

💡 **POINT**

ペットを飼う利点

- **relieve people's stress（人のストレスを軽減する）**
  Some people have pets because they relieve people's stress. 「ペットを飼う人々がいるのはペットが人のストレスを軽減するからです。」

- **increase opportunities to exercise（運動する機会を増やす）**
  My husband lost weight since our new dog increases opportunities to exercise. 「私たちの新しい犬が増えたことで運動する機会が増え、夫は体重が減りました。」

- **feel safe（安心感を与える）**
  Pets make me feel safe. 「ペットは私に安心感を与えます。」

Question 2

Do you think animals have feelings?

🈂 動物には感情があると思いますか？

Answer

🔍 **モデル回答**

I do think that animals have feelings. Some research shows that they may actually be able to understand what people do and say. Therefore, we should be conscious of how we care for them. People should treat animals the way they want to be treated.

🈂 動物には感情があると思います。ある研究では、動物は人の言動を実際に理解するという結果が出ています。したがって、どのように動物を世話するかは意識しなければいけません。人は自分が扱われて嬉しいと感じるようなやり方で、動物を扱うべきです。

9. pets Part3 テーマを掘り下げた質問

自分のことを話してみよう！

NOTE：

この単語、たいせつ！
- ☐ conscious
  (形) 意識している
- ☐ treat
  (動) 扱う

このフレーズ、たいせつ！
- ☐ care for A
  Aを世話する

POINT

feelingの表現

feelingは「感情・感覚」でfeel（感じる）の名詞形です。emotion（感情・情緒）の語源はe（外に）＋mot（動く）＝外に動き出す気持ちとなります。

- **nervous（緊張した）**
  I get nervous before the speaking exam.「スピーキングの試験前は緊張します。」
- **anxious（不安な）**
  I was anxious about meeting her parents for the first time.「初めて彼女の両親に会うことが不安でした。」
- **confused（困惑した）**
  I was confused when I was spoken to by a stranger.「見知らぬ人に話しかけられたとき困惑しました。」
- **embarrassed（恥かしい）**
  Don't be embarrassed to make mistakes.「間違えることを恥ずかしがってはいけません。」
- **sympathetic（同情的な）**
  I'm sympathetic to your situation, but there's nothing I can do to help.「あなたの状況に同情はしますが、私にできることはありません。」

Question 3

Do you think animals have rights?

訳 動物には権利があると思いますか？

Answer

🔍 モデル回答

Just as us human beings have our basic rights, such as the right to life, and the right to be free from slavery and torture, animals deserve the same. We often hear of awful practices such as the illegal hunting for ivory, in the process of which elephants go through excruciating pain and suffering. This is a representation of human selfishness that should never happen. The belief that anything can be done to animals because human beings have more capabilities is definitely wrong.

訳 人が基本的な権利、例えば人権を持ち、一方的に服従することや、拷問を受けてはいけないのと同じように、動物も同様の権利を持つに値します。象が激しい痛みと苦しみを味わうような方法での違法な象牙狩りなどの悲惨な行為を私たちはしばしば耳にします。これはまさに人間のわがままの象徴で、絶対に起こってはいけないことです。動物より力があるからといって、人間が動物にどんなことをしてもいい、というような考え方は絶対的に間違っています。

自分のことを話してみよう！

NOTE：

この単語、たいせつ！

☐ slavery
   名 服従
☐ torture
   名 拷問
☐ deserve
   動 値する
☐ awful
   形 ひどい
☐ capability
   名 能力

このフレーズ、たいせつ！

☐ illegal hunting
   違法な狩猟
☐ representation of human selfishness
   人間のわがままの象徴

POINT

「権利」の語源

basic human rightsと言えば（基本的人権）ですが、このrightの語源「正しい」からcorrect（正しく直す）rectify（修正する）rectangle（長方形）などが生まれました。「特権」を表すprivilegeの語源はpri（個人）＋leg（法律）です。authority（権威、権力）はラテン語のaugeo（増やす）が語源でauthor（著者）やAR（Augmented Reality）のaugment（増加させる）や徐々に値段が増していくauction（オークション）が同語源です。またauthorityにtheをつけて複数形にするとthe authorities（当局）という意味になります。

Question 4

Do you think animals in zoos are happy?

訳 動物園の動物は幸せだと思いますか？

Answer

モデル回答

If you can imagine yourself living in a cage and being unhappy, it is likely that animals in zoos are too. Not knowing the world outside the zoo may seem less stressful for the animals, but it actually shortens their life expectancy. Although many zoos try to recreate the animals' original habitat, it is hard to say that these artificial spaces are exactly the same. Seeing hundreds of people visiting and taking pictures of them may also be a source of stress for the animals.

訳 もしあなた自身が檻の中で生活を強いられたら不幸せと感じるのと同じように、動物園の動物も恐らく、不幸せだと感じていると思います。動物園の外の世界を知らないことは動物にとってストレスを減らすようにも思えますが、実際には彼らの寿命を短くしています。多くの動物園が、動物たちの元の生息地を再現しようと試みていますが、動物園のような人工的な場所は、実際の生息地と全く同じとは言えません。何百人もの人々が訪れ、自分の写真を撮る様子を見るのも、動物たちにとってはストレスの原因になるのかもしれません。

9. pets **Part3** テーマを掘り下げた質問

自分のことを話してみよう！

NOTE：

この単語、たいせつ！

- [ ] cage
  名 檻
- [ ] shorten
  動 短くする
- [ ] habitat
  名 生息地
- [ ] artificial
  形 人工の

このフレーズ、たいせつ！

- [ ] a source of stress
  ストレスの原因

💡 **POINT**

「動物園」に関する表現

- **display（展示）**
  People put animals on display without any hesitation.「ためらいなく人間は動物を展示しています。」

- **exhibit（展示する）**
  It is better to exhibit animals in naturalistic settings.「自然を真似た環境で動物を展示したほうが良いです。」

- **captive（捕獲する）**
  In the United States, there are more captive tigers than wild ones.「アメリカでは、野生の虎よりも捕獲された虎の方が多いです。」

- **wild（野生の）**
  Keeping wild animals in cages is crual.「野生動物を檻の中に入れておくのは残酷です。」

- **tamed（飼いならされた）**
  It took a long time for my adopted dog to be tamed.「引き取った犬が飼いならされるのには時間がかかりました。」

- **exotic（外来の）**
  The zoo is full of exotic animals.「その動物園は外来種の動物でいっぱいです。」

10. Reading

Part 1 プライベートに関する質問

Question 1

What is your favourite book?
訳 あなたの好きな本はなんですか？

Answer

 モデル回答

My favourite books are the Harry Potter series. I have read all of the books in this series and also enjoyed watching the films.

 私の好きな本はハリーポッターシリーズです。全巻読み終えた上に、映画も観て楽しみました。

Topic	ハリーポッターシリーズ　the Harry Potter series
Support	映画を観て楽しんだ　enjoyed watching the films

POINT

「本」の表現

自分の好きな本、好きな動物、好きな国など日本語でも即座に表現することは難しいかもしれません。またそれを英語で、さらにその理由も瞬時に回答しなければならないとすると相当な準備が必要です。第一言語を活用してTopicとSupportのアイデアを書き出し、その後英語での表現を見つけ繰り返し練習するようにしましょう。

- I read this book all in one go.「この本を一気読みしました。」
- I really recommend the original story.「原作をオススメします。」
- It was a real page-turner.「ページをめくるのが止まりませんでした。」
- I purchased the best-selling book of this year.「今年のベストセラー本を購入しました。」

10. Reading Part1 プライベートに関する質問

Question 2

How much money do you spend on books monthly?

 月にどの程度のお金を本に費やしますか？

Answer

🔍 モデル回答

I'm not sure about the exact amount, but I think I spend about 1000 to 2000 yen on books each month.

 はっきりした金額は分かりませんが、月に1000〜2000円程度は本に費やすと思います。

Topic	はっきりした金額は分からない　not sure about the exact amount
Support	月に1000〜2000円程度本に費やす spend about 1000 to 2000 yen on books each month

💡 POINT

「不確実」の表現

スピーキングでは自分の考えを曖昧にせず白黒はっきりと伝えることが重要ですが、本当に確実なことが分からない時は、I do not know 以外に以下のような表現を使うことができます。

- I am not sure but...「はっきりとは分からないですが…」
- I am not certain but...「確実なことは分からないですが…」
- I have no idea.「全く分かりません。」
- I am clueless.「全く覚えがありません。」

自分のことを話してみよう！

NOTE：

Question 3

Do you like to read physical books or ebooks?

 紙の本と電子書籍、どちらを読むのが好きですか？

Answer

🔍 モデル回答

Until high school, I read only physical books. However, since becoming a university student, I have been reading more ebooks for their convenience.

 高校生までは、紙の本しか読みませんでした。しかし、大学生になってからは、便利なので電子書籍で読書をすることが増えました。

Topic	高校までは紙の本が好きだった
	read only physical books until high school
Support	電子書籍を読むことの方が多い　read more ebooks

💡 POINT

「〜まで」の表現

untilやbeforeはどのような場面でも使えるのに対して、up untilはその正確な瞬間までの時間を指します。

- **before A（Aまで）**
  I did not start playing the piano before the age of 5.「5歳まではピアノを弾き始めませんでした。」
- **until A（Aまで）**
  I was sleeping until he came home.「私は彼が帰宅するまで寝ていました。」＊彼が帰ってきた頃に目覚めたという意味で解釈できます。
- **up until A（Aまで）**
  We will give you up until 10 minutes to fill out the form.「10分間時間を差し上げますのでフォームを記入してください。」＊10分間という時間の長さを超えてはいけないということを強調しています。

10. Reading **Part1** プライベートに関する質問

Question 4

Do you like to read books or watch films?

 読書と映画鑑賞、どちらが好きですか？

Answer

🔍 モデル回答

I definitely **prefer** reading books. Films provide you with a lot of visual information, but books give you the freedom to use your own imagination when picturing each scene.

 読書の方が断然好きです。映画は視覚的な情報を多く与えてくれますが、本はそれぞれの場面について読者に想像する自由を与えてくれます。

Topic	読書が好き　prefer reading books
Support	読者が想像する自由を与えてくれるから give you the freedom to use your own imagination

💡 POINT

「好き」の表現

「好き」を表現するときはlikeを多用しがちですが、他にも様々な言い方があります。preferは、選択肢がある中で別の対象物と比較して〜が好き、と言いたい時に使用します。prefer A（BとAを選べる状態で）Aの方が好きとなります。仮主語のitを使ったIt is fun for me to Vの表現を使用する学習者が多いですが、シンプルに主語・述語（動詞）で完結しましょう。

- **love（大好き）**
  I really love meeting new people.「新しい人に出会うことが本当に大好きです。」
- **prefer（好む）**
  It is hard to choose but I prefer coffee.「選び難いですが、コーヒーの方が好きです。」
- **enjoy oneself（楽しむ）**
  I enjoy myself travelling abroad.「海外旅行が好きです。」
- **be fond of A（Aが好き）**
  I get along with people who are fond of drinking.「私はお酒好きな人と仲良くなります。」
- **be attached to A（Aに愛着がある）**
  I am attached to my old phone.「私は昔の携帯に愛着があります。」

Part 2 指定されたテーマについてのスピーチ

Question

DL 49

Describe a book you have recently bought.

You should say:

    what kind of book it is

    where you bought it

    what sort of people would enjoy it

and explain why you liked it.

訳

最近購入した本について描写してください。

以下のことについて話してください：

    ・それはどんな本か

    ・あなたがそれを買った場所

    ・どのような人々がその本を読むか

そしてあなたがその本を好きな理由を説明してください。

Answer

モデル回答

Lately I've gotten into philosophy, so I've been making my way through the seminal works of the great philosophers. Last week I went to my local bookshop to pick up a copy of Mill's *On Liberty*. I know most people tend to buy their books online these days, but I still enjoy the experience of browsing the shelves. Plus, I always come away with more than I set out to get, which is by no means a bad thing. The book itself is a little tough going, but it really is the foundation of our modern society. I would recommend it not only to philosophically-minded readers, but anyone who wants to get to grips with how and why society works.

10. Reading **Part 2** 指定されたテーマについてのスピーチ

訳 最近、哲学に興味を持ち始めたので、偉大な哲学者の独創的な作品を読み進めていました。先週、地元の書店に行って、ミルの「自由論」を買いました。最近では多くの人が本をオンラインで購入する傾向にあることは知っていますが、私は今でも棚を眺めることを楽しんでいます。加えて、私はいつも自分が買いたいと思っていた以上のものを手に入れ、これは決して悪いことではありません。この本自体は少し難しいですが、実際に現代社会の基盤となっています。哲学的志向の読者だけでなく、社会がどのように、そしてなぜ機能するのかを理解したい人にもお勧めします。

この単語、たいせつ！

- [ ] seminal
  - 形 独創的な
- [ ] browse
  - 動 眺める
- [ ] foundation
  - 名 基盤

自分のことを話してみよう！

NOTE:

💡 POINT

comeの表現

- **come away with A（Aを手に入れる）**
  After three hours of window-shopping, I came away with a sense of satisfaction.
  「3時間のウインドウショッピングの後、私は満足感を手に入れました。」
- **come by（手に入れる）**
  Happiness is difficult to come by. 「幸福を手に入れるのは難しいです。」
- **come up with A（Aを思いつく）**
  I came up with a good idea. 「良いアイデアが思いつきました。」
- **come across（偶然出会う）**
  I came across my old friend. 「旧友に偶然出くわしました。」
- **come out（世に出る）**
  This book came out last year. 「この本は昨年出版されました。」

199

Part 3 テーマを掘り下げた質問

Question 1

What sorts of books are popular in your country?
訳 あなたの国ではどのような種類の本が人気ですか？

Answer

モデル回答

In Japan, novels are quite popular among all generations. Reading novels has always been part of Japanese people's leisure time, because they are well written and the most enjoyable form of entertainment. No matter how popular the internet becomes as we go on, people will always immerse themselves in reading novels. I hope that young writers will keep creating intelligent and entertaining novels that will give pleasure to readers of all generations.

訳 日本ではどの世代においても小説がとても人気です。日本の小説は良く書けていてとても面白い娯楽なので、日本人にとっての余暇の一つとして常に親しまれてきました。今後どれだけインターネットが人気になっても、人々は小説を読むことに没頭し続けるでしょう。若い作家にはこれからも知的で面白い小説を書き続け、全ての世代に喜びを与え続けて欲しいです。

10. Reading Part3 テーマを掘り下げた質問

自分のことを話してみよう！

NOTE：

この単語、たいせつ！

☐ novel
⑧小説
☐ intelligent
⑱知的な

このフレーズ、たいせつ！

☐ leisure time
余暇の時間
☐ immerse onself in A
Aに没頭する
☐ give pleasure to A
Aに喜びを与える

💡 POINT

「余暇」の表現

- **leisure time（余暇の時間）**
  I like travelling abroad in my leisure time. 「自分の余暇の時間に海外に旅行することが好きです。」

- **pastime（気晴らし）**
  Travelling is probably one of my favourite pastimes. 「旅行はおそらく私の好きな気晴らしの一つです。」

- **holiday（休暇）**
  I will visit my family for the holidays. 「休暇に家族に会いに行きます。」

- **vacation（長期休み）** ＊vacationを使うのはアメリカ英語
  I am going to take a vacation next month. 「来月長期休みを取ります。」

- **off（休み）**
  Tommorow is a day off. 「明日は休みです。」

201

Question 2

Do you think it is important to read books as a child?

📖 幼少期に本を読むことは重要だと思いますか？

Answer

🔍 **モデル回答**

The more books children read, the more creativity they nurture at an early age. Books can trigger children's imaginations. Unlike comic books, novels and non-fiction books generally have more words. The only way the children can understand the story is by reading those words and associating them with their own imagined visions. The process effectively stimulates children's imaginations, which will enhance their creativity. Creative skills can be useful at school and also later when those children start their careers. Reading books will help them enjoy their lives in a creative way.

📖 子どもがより多くの本を読むほど、若い年齢から創造性を養うことができると思います。本は子どもの想像力を掻き立てます。漫画本と違って、小説やノンフィクション作品は文字数が多いです。子どもが物語や内容を理解するためには、文字を読み、自分の頭の中に描いた映像と関連付けるしかありません。その過程は子どもの想像力を効果的に刺激し、結果的に創造性を高めます。創造性は学校や、その子どもがいずれ仕事を始めた際にも役に立つスキルです。本を読むことで、子ども達は創造性に溢れた人生を楽しめるようになります。

10. Reading Part 3 テーマを掘り下げた質問

自分のことを話してみよう！

NOTE：

この単語、たいせつ！

- [ ] creativity
  名 想像力
- [ ] nurture
  動 養う
- [ ] associate
  動 関連付ける
- [ ] stimulate
  動 刺激する
- [ ] effectively
  副 効果的に

このフレーズ、たいせつ！

- [ ] enhance one's creativity
  想像力を高める

POINT

「きっかけ」の表現

- **trigger（引き金となる）**
  What triggered your peanut allergy?「どうしてピーナッツアレルギーになったのですか？」
- **stimulate（刺激する）**
  Every time I go to a class, I get stimulated by other students.「クラスに行くたびに、他の生徒から刺激を受けます。」
- **motivate（やる気を沸かせる）**
  My boss tried to motivate me when I looked down.「私が落ち込んでいる時に上司がやる気を出させようとしてくれました。」
- **bring（連れてくる）**
  What brought you to Japan?「なぜ日本に来たのですか？」 *Why did you come to Japan? の丁寧な表現
- **drive A to do（Aに〜させるよう駆り立てる）**
  His father drove him to become a doctor.「彼の父親は彼に医者になるように駆り立たせました。」

Question 3

How do you think children can be encouraged to read more?

🈺 子どもにもっと本を読むよう促すためにはどうすべきだと思いますか？

Answer

🔍 モデル回答

Providing children with materials related to their interests at a young age will motivate them to read more frequently. For instance, if your child is a sports fanatic, it makes sense to introduce them to stories centred around sports. If they are always coming up with their own fanciful stories, fantasy is a good option. If they show an aptitude for science, start them on science magazines early on. If the child can become familiar with reading at an early stage, they will later be able to read voluntarily on their own without anyone's supervision.

🈺 幼少期に子どもの興味に関連したものを与えることで、子どもはより頻繁に読書をするように動機づけられます。例えば、子どもがスポーツ好きであれば、スポーツが中心の物語を与えることは意味があります。もし子どもが空想の物語をよく思いつくのであれば、ファンタジーが良い選択です。もし科学に対する素質を示しているなら、早くから科学誌を読ませましょう。もし子どもが幼少期から読書に慣れ親しむことができれば、後に誰からも管理されることなく自ら進んで本を読むことができるようになるでしょう。

10. Reading Part3 テーマを掘り下げた質問

自分のことを話してみよう！

NOTE：

この単語、たいせつ！

- ☐ provide
  (動) 与える
- ☐ motivate
  (動) やる気を起こさせる
- ☐ fanciful
  (形) 空想の
- ☐ aptitude
  (名) 素質
- ☐ frequently
  (副) 頻繁に
- ☐ voluntarily
  (副) 自ら進んで
- ☐ supervision
  (名) 管理、監督

POINT

「関係」の表現

- **be related to A**（Aと関係する）
  I am not related to the issue.「私はその問題に関係ありません。」
- **to do with A**（Aと関係する）
  That has nothing to do with you.「それはあなたに関係ありません。」
- **be concerned with A**（Aと関わりがある）
  She is not concerned with the accident.「彼女は事故とは関わりがありません。」
- **pertaining to A**（Aに関して）
  I read an article pertaining to climate change.「気候変動に関する記事を読みました。」
- **involving A**（Aに関する）
  There is a news report involving the death of a famous singer.「有名な歌手の死に関するニュースがあります。」

205

Question 4

Do you think that reading novels is more interesting than reading non-fiction books?

訳 小説は、ノンフィクションの本よりも面白いと思いますか？

Answer

🔍 モデル回答

The more complicated a society becomes, the more valuable a person with innovative ideas and imagination becomes. Reading novels is very helpful when it comes to nurturing a person's creativity. With novels, you are not spoon-fed what to think and what to believe. Instead, you have to go beyond the content and imagine for yourself the story within the pages. Sometimes a story is not realistic, so the reader has to use their imagination and even suspend their disbelief in order to enjoy the surprise. You can train your creativity just by reading novels and that will help us all become more innovative people.

訳 社会がより複雑化する中で、革新的なアイデアや想像力を持った人物はより貴重な存在になっていきます。小説を読むことは、その人の創造性を養うためにとても役に立ちます。小説であれば、どのように考え、何を信じるか、手取り足取り教えられることはありません。反対に、そこに書かれている内容を超えて、ページとページにある物語を自分で想像して補わなければいけません。時折物語は現実的ではないため、読者はその驚きを楽しむために想像力を使い、そして疑念を一旦保留することさえしなければなりません。小説を読むだけで創造性を訓練することができ、それは読者をより革新的な人々に成長させます。

206

10. Reading Part 3 テーマを掘り下げた質問

自分のことを話してみよう！

NOTE：

この単語、たいせつ！
☐ complicated 　形 複雑な ☐ valuable 　形 価値がある ☐ realistic 　形 現実的な ☐ disbelief 　名 疑念 ☐ innovative 　形 革新的な ☐ train 　動 訓練する

 POINT

本来の意味が転じた表現

spoon-fedは本来「子どもがスプーンでご飯を食べさせられる」という表現から「甘やかして手取り足取り教わったり世話をされる」という意味にもなったのです。ほかにもsketch（スケッチする）から形容詞形ではsketchy（大雑把な）という意味になりました。

11. Technology

Part 1 プライベートに関する質問

Question 1

Are there any gadgets you use every day?
訳 毎日使用する電子機器はありますか？

Answer

モデル回答

I use my phone and computer <u>on a daily basis</u>. It's only been a few years, but I can't even imagine how we survived without them before.

 携帯電話とパソコンを毎日使用します。まだ数年しか経っていませんが、以前はそれらなしでどのように生き延びてきたのか想像もできません。

Topic	携帯電話とパソコンを使用する　use phone and computer
Support	それらなしでどのように生き延びてきたのか想像できない can't imagine how we survived without them

POINT

「毎日」の表現

時間を表す毎日はeveryとdayの間にスペースがありevery dayとなります。スペースのないeverydayは「普段の」「日常の」という形容詞でeveryday life「日常生活」everyday English「日常英語」everyday clothes「普段着」などを覚えておくと便利です。

- **every day（毎日）**
  I eat breakfast every day.「毎日朝食を食べます。」
- **every single day（毎日欠かさず）**
  I jog every single day.「毎日欠かさずランニングをします。」
- **on a daily basis（日常的に）** *on a weekly basis「一週間単位で」
  I check emails on a daily basis.「日常的にメールをチェックしています。」

自分のことを話してみよう！

NOTE：

Question 2

How much time do you spend using a computer at work or at home?

 どのくらいの時間、仕事や自宅でパソコンを使用しますか？

Answer

🔍 モデル回答

I spend most of my working day looking at the computer. This adds up to around 5 to 6 hours. On weekends, I try to reduce my screen time, but it is a struggle.

 仕事ではほとんどの時間パソコンを見ています。約5～6時間は使用します。週末はなるべく画面を見ないようにはしていますが、なかなか難しいですね。

Topic	約5～6時間　around 5 to 6 hours
Support	週末はできるだけ使用しないようにしている try to reduce my screen time on weekends

💡 POINT

spendの表現

spendは時間とお金を費やすときに使います。まさに時は金なりという考え方で「～をすることに時間とお金を支払う」という風に捉えると覚えやすいです。ちなみにイギリスではspend a pennyで「トイレに行く」という意味になります。

- **spend 時間 at A**（Aで時間を過ごす）
  I spend most of my weekends working out at the gym.「週末のほとんどの時間、ジムで身体を鍛えて過ごします。」
- **spend 時間 + ing**（ingして時間を過ごす）
  My family and I spent last summer travelling around the world.「去年の夏は家族と世界中を旅して過ごしました。」
- **spend money on A**（Aにお金を費やす）
  I spent all my money on gambling.「全てのお金をギャンブルに使いました。」

自分のことを話してみよう！

NOTE：

Question 3

Do you use the internet for your personal interests or for work?
訳 趣味と仕事、どちらでインターネットを使用しますか？

Answer

モデル回答

I use the internet for both purposes. Since it allows us to access information anytime, anywhere, I end up needing it for both my work projects and for my personal passions. There's still a lot I want to learn, and it's all right there, waiting for me.

訳 どちらの用途でも使用します。インターネットを通していつでも、どこでも情報にアクセスすることができるので、仕事のプロジェクト、個人的に熱中しているもの、どちらに取り組む際も結果的に必要になります。私には学びたいことがまだまだあり、インターネットの世界でそれが私を待っているのです。

Topic	どちらの用途でも使用する　for both purposes
Support	いつ、どこでも情報を手に入れることができるから since it allows us to access information anytime, anywhere

POINT

「できる」の表現

- **can**（主観的に能力としてできる）
  I can speak four different languages.「私は4つの違う言語を話すことができます。」
- **be able to**（客観的に一回限りできる）
  I was able to pass the exam.「試験に合格することができました。」
- **be capable of A**（Aすることができる）
  This truck is capable of carrying timber.「このトラックは木材を運ぶことができます。」
- **possible**（可能である）
  It is possible to walk across the bridge.「その橋は歩いて渡ることが可能です。」＊人を主語にとれない
- **feasible**（実行可能である）
  This plan is the most feasible.「この計画が一番上手くいきます。」
- **allow**（許す）
  A housecleaning once a week allows my wife to have extra time for herself.「週に一回のお掃除委託があることで、妻は自分の時間を取ることができます。」

11. Technology Part1 プライベートに関する質問

自分のことを話してみよう！

NOTE：

Part 2 指定されたテーマについてのスピーチ

Question

DL 52

Describe your favourite electronic gadget,

You should say:
    what it is
    when you got it
    how you use it
and explain why it is important to you

訳

好きな電子機器について描写してください。

以下のことについて話してください：

　・何の電子機器か

　・いつ手に入れたか

　・どのように使用するか

そしてなぜそれが大切かを説明してください。

Answer

モデル回答

My favourite electronic gadget is my electronic dictionary. What is special about this item is its weight. It is the lightest model made in Japan and very popular among people in the education field. Since I purchased my dictionary 4 years ago, it has almost never left my side. It helped me the most when I was a foreign exchange student in the UK. Whenever I came across unknown words or phrases, I could easily take it out of my bag and look up these words. My study abroad experience became so enlightening because of that dictionary.

212

11. Technology Part2 指定されたテーマについてのスピーチ

訳 　私の気に入っている電子機器は電子辞書です。その電子辞書で特別なのはその軽量さです。日本で製造された最も軽量なモデルで、教育の現場で働く人たちの中でとても人気です。4年前に電子辞書を購入してから、肌身離さず持っています。私がイギリスで交換留学生だった際に、最も助けられました。知らない言葉やフレーズに出会ったら、簡単に鞄から取り出して、意味を調べることができました。海外留学生としての経験がとても学びの多いものになったのは、その電子辞書のおかげです。

この単語、たいせつ！

☐ gadget
　图 電子機器
☐ purchase
　動 購入する
☐ enlightening
　形 学びが多い

自分のことを話してみよう！

NOTE：

POINT

「辞書」の表現

- **look up（調べる）**

Everytime I encounter an unknown word, I look it up on the internet.「分からない言葉が出てくると、いつもインターネットで調べます。」

- **consult（辞書を引く）**

It is important to consult a dictionary to learn new vocabulary.「新しい単語を学ぶには辞書を引くことが大切です。」

- **alphabetical order（アルファベット順）**

Could you please place the cards in alphabetical order?「カードをアルファベット順に並べていただけますか？」

- **electronic dictionary（電子辞書）**

When I got into university, I bought my first electronic dictionary.「大学に入った時、初めて電子辞書を購入しました。」

213

Part 3 テーマを掘り下げた質問

Question 1

How do computers affect our daily lives?
訳 パソコンは我々の生活にどのような影響を与えていますか？

Answer

モデル回答

People get obsessed with computers because they can communicate with others online. Chatting, tweeting, likes, shares, these words were all produced by people in internet communities. Without actually meeting somebody, users can easily get connected with others, and they can avoid feeling alone. This feeling of connection is the invention of computers which affects people's lives most strongly.

訳 オンラインを通して他者とコミュニケーションを取れるので、人々はパソコンに夢中です。「チャットする」、「ツイートする」、「いいね」、「シェア」、これらは全てインターネットの世界で人々が作った言葉です。実際に誰かに会わなくても、パソコンを使用する人は、他者と簡単に繋がることができ、孤独を感じることを免れることができます。繋がっているという感覚は、パソコンの最大の発明であり、人々の生活に大きな影響を与えています。

11. Technology Part3 テーマを掘り下げた質問

自分のことを話してみよう！

NOTE：

この単語、たいせつ！
- ☐ invention
  名 発明

このフレーズ、たいせつ！
- ☐ get obsessed with A
  Aに夢中になる
- ☐ get connected with A
  Aと繋がる

 POINT

「英語と発音が異なるカタカナ」の表現

日本人学習者の英語はカタカナに多大な影響を受けています。また一度定着してしまったカタカナの発音を取り除くのは容易なことではありません。意識的にまた明示的な学習を通して使い分けることが必要です。

- virus[váɪərəs]（ウイルス）
  *形容詞のviralを使ったgo viralは「インターネット上で急速に広がる」という意味です。
- allergy[ǽlədʒi]（アレルギー）
  *犬アレルギーがあるときはhave a dog allergyと言います。
- theme[θíːm]（テーマ）
  *thの音に注意！
- career[kəríə]（キャリア）
  *発音はKorea[kəríːə]（韓国）と似ている
- image[ímɪdʒ]（イメージ）
  *「イメージアップ」はimprove one's imageと言います。

215

Question 2

What do you think is the best invention in recent history?

訳 近年で最大の発明は何だと思いますか？

Answer

🔍 モデル回答

The telephone, invented by Alexander Graham Bell, is the best invention in our recent history. There are two reasons why I think so. One is that it drastically eliminated communication costs. Before the invention, sending letters was the primary means of communication, which was also fairly expensive. Not to mention the time it took and the inherent risk of lost letters. Now, with telephones, people pay far less money to communicate with each other instantaneously. The second reason is that the telephone made it possible for people to communicate globally. Even the highest of our society's positions, such as the holders of presidential office, regularly hold international teleconferences. Telephones have made communication so much easier, which is why I believe it is the most innovative tool invented in recent times.

訳 アレクサンダー・グラハム・ベルが発明した電話は、近代史上最大の発明だと思います。私がそのように考えるのには2つ理由があります。一つは、コミュニケーションにかかる費用を大幅に削減できたことです。発明以前は、手紙を送ることが人々にとって唯一のコミュニケーション手段で、送付するのに高額を支払う必要がありました。また言うまでもなく、時間がかかり途中で手紙を紛失する固有のリスクがありました。現在、電話によって、はるかに安く、お互いに即座にコミュニケーションを取ることができます。二つ目の理由は、電話によって人々が世界中の人とコミュニケーションできるようになったことです。社会のトップの地位の人、例えば大統領府で働く人々も、定期的に国際電話会議を行います。電話はコミュニケーションをとても容易にしてくれたので、近代で発明された最も革新的な道具だと思います。

11. Technology Part 3 テーマを掘り下げた質問

自分のことを話してみよう！

NOTE:

このフレーズ、たいせつ！

☐ drastically
副 大幅に、劇的に
☐ eliminate
動 取り除く
☐ fairly
副 かなり
☐ inherent
形 固有の
☐ instantaneously
副 即座に、瞬間的に

このフレーズ、たいせつ！

☐ not to mention
言うまでもなく

POINT

inventの語源

invent（まだ誰も思いついていない新しいことを発明する）という単語の成り立ちはin（中に）＋vent（来る）＝頭の中にいい考えが来る＝発明するというものです。名詞形はinvention（発明）でNecessity is the mother of invention.「必要は発明の母」という言い回しで覚えましょう。他にもevent（出来事）はinの反対の意味となるex（外）＋vent（来る）＝外に来る＝カレンダーの枠を外れた特別な日＝出来事という同語源から成る単語です。preventはpre（前に）＋vent（来る）＝前に来て邪魔をする＝防ぐという意味になります。またventに（方向）を表すad を加えるとadvent（出現、到来）、そして頭文字を大文字にしたAdventは（キリストの降臨）という意味になります。

Question 3

Some people stick to old forms of technology. Why do you think this is?

訳 ある人々は、古い形態の技術に固執しています。なぜだと思いますか?

Answer

🔍 モデル回答

People are good at routinising. Once they learn something and make it a <u>habit</u>, it becomes difficult for them to get rid of the routine. For example, older generations prefer reading printed newspapers to reading the news on the internet. Reading through papers gives them a clearer understanding of the information. They become used to that process and it becomes hard to shake the habit. Older people sometimes even hesitate to update their routines because of an unfamiliarity with new forms of technology. Therefore, some demographics of people – usually the older generations – often stick to old forms of technology despite the discovery of newer, more efficient ways of doing things.

訳 人は、慣例化することが得意です。何かを覚え、それが癖づくと、その習慣を無くすことが難しくなります。例えば、古い世代の人々は、インターネットよりも紙媒体で新聞を読むことを好みます。紙で読むことは、彼らにとってより明確に情報を得ることができるからです。その手法に慣れると、習慣を変えることは難しくなります。年配の人々は、新しい形のテクノロジーに親しみを感じないため、習慣を新しくすることを躊躇うことさえ時折あります。そのため大抵は年配の世代ですが、ある層の人々はより新しく効率的な方法の発見にもかかわらず、古い形態の技術にこだわることが少なくありません。

218

11. Technology Part3 テーマを掘り下げた質問

自分のことを話してみよう！

NOTE：

この単語、たいせつ！
☐ routinise
動 慣例化する
☐ process
名 過程
☐ hesitate
動 躊躇う
☐ demographic
名 層

このフレーズ、たいせつ！
☐ get rid of A
取り除く

 POINT

「習慣」の表現
- habit（爪を噛んでしまうといったような個人的な癖）
I have a bad habit of eating too many snacks.「お菓子を食べ過ぎてしまう悪い癖があります。」
- in the habit of A（Aが習慣になっている）
I'm in the habit of reading a book before bed.「寝る前に本を読むことが習慣になっています。」
- custom（国や社会のしきたりや習慣）
My grandmother sticks to an old custom.「私の祖母は古いしきたりに固執しています。」
- make it a rule to A（Aすることにしている）
I make it a rule to not drink coffee after 6pm.「6時以降はコーヒーを飲まないと決めています。」
- practice（繰り返して得た慣習）
Our company should learn from Japanese business practices.「我々の会社は日本のビジネスの慣習から学ぶべきです。」

12. Email

Part 1 プライベートに関する質問

Question 1

Do you send and receive emails regularly?
訳 定期的にEメールのやり取りをしますか？

Answer

🔍 モデル回答

Yes, I write and receive emails every day at work. On busy days, I have to handle about 50 emails.

 仕事では毎日メールでやり取りします。忙しい時は、50通ほどのメールに対応しなくてはいけないこともあります。

Topic	仕事で毎日やり取りをする　write and receive emails every day
Support	50通のやり取りをする　handle about 50 emails

💡 POINT

「日常の時間」の表現

- on busy days（忙しい時）
  I forget to eat on busy days.「忙しい時は食べるのを忘れてしまいます。」
- in my free time（空き時間）
  I read books in my free time.「空き時間には本を読みます。」
- on a full day（予定が詰まっている日）
  I wake up early on a full day.「予定が詰まっている日は早く起きます。」
- on a big day（重大イベントがある日）
  I get really nervous on a big day.「大事なイベントがある日にはとても緊張します。」
- time off（休みの日）
  Do you want to hang out when you have time off?「休みの日に出かけに行きませんか？」
- average day（通常通りの日）
  I wake up around 7 on an average day.「通常通りの日は朝7時に起床します。」
- ordinary day（いつも通りの日）
  I did not expect to hear the news on an ordinary day.「いつも通りの日にそんな話を聞くとは予想していませんでした。」

Question 2

What do you use email for?

訳 何の用途でEメールを使いますか？

Answer

モデル回答

I use email to communicate with colleagues who are working in overseas branches. I prefer email to phone calls because I can refer to the messages anytime and because it is free to send emails even to people in a foreign country.

訳 海外支部で働く仲間とのコミュニケーションでメールを利用します。いつでもメッセージを見返すことができ、また外国の人にさえも無料でメールを送ることができるので、電話よりもメールが好きです。

Topic	仕事仲間とのコミュニケーション　communicate with colleagues
Support	電話よりもメールが好き　prefer email to phone calls

POINT

「同僚」の表現

colleagueは「同じ組織や職種のある仲間や同僚、同期」という意味で語源はco（共に）＋league（選ぶ）＝共に選ばれた者＝同僚となります。他にも語根のlect（選ぶ）はselect「選ぶ」、elect「選挙で選ぶ」、intellect「知性」に派生します。coworkerは似た職種やポジションの同僚を指し、協力者という意味合いもあります。associateは「事業を一緒に行う仕事上のパートナー」、workmateやteammateは「仕事のチームメイト」です。

自分のことを話してみよう！

NOTE:

Question 3

How often do you check your email inbox?
 どのくらいの頻度でメールの受信トレイを確認しますか?

Answer

 モデル回答

I check it every day, <u>except for</u> at weekend. On my days off, I just need to take some time away from work.

 週末以外は毎日確認します。休みの日は仕事から離れる時間がある程度必要です。

Topic	毎日確認する　check it every day
Support	仕事から離れる時間が必要　need to take some time away from work

💡 POINT

「以外」の表現

- **except for A**（Aという点以外は）
  Except for the cost, I am happy with our public transport.「料金という点を除いて、私たちの公共交通機関に満足しています。」
- **except**（以外は）
  I am available except Monday.「月曜日以外は時間があります。」
- **besides**（ほかに）
  Besides English, I can speak Chinese.「英語のほかに中国語を話せます。」
- **apart from A**（Aは別として）
  Apart from joking, I am very confident.「ジョークはさておき、私はとても自信があります。」

自分のことを話してみよう！

NOTE:

Question 4

What kind of emails are the most difficult for you to write?

 あなたはどのような種類のメールを書くのが一番難しいですか？

Answer

🔍 モデル回答

Let me think. Hmmm. I guess I often find it difficult to write emails to superiors. I take great care not to write anything that they might take the wrong way or that may come off as rude.

 そうですね、えーと、上司にメールを書くのは難しいとよく感じますね。上司がメールの内容を間違って解釈したり、失礼にあたったりすることを書かないように、とても注意を払います。

Topic	上司にメールを書くのが難しい difficult to write emails to superiors
Support	失礼にならないように注意をして書く take care not to be rude

💡 POINT

takeの表現

- **take care（注意する）**
  You must take special care when you hold a baby.「赤ちゃんを抱くときには特別に注意しなければなりません。」
- **take care of A（Aを世話する）**
  I take care of babies.「私は育児をします。」
- **take part in A（Aに参加する）**
  I took part in the golf competition last summer.「昨年の夏、私はゴルフ大会に参加しました。」
- **take place（行われる）**
  The World Cup takes place once every four years.「ワールドカップは4年に一度行われます。」
- **take time（時間をかける）**
  It takes time to establish a good relationship with customers.「お客様と良い関係を築くには時間がかかります。」
- **take 人 to 場所（人を場所に連れて行く）**
  I will take you to the nearest station.「最寄り駅まであなたを連れていきます。」
- **take A with 人（人がAを持っていく）**
  Take an umbrella with you.「傘を持っていきなさい。」

Part 2 指定されたテーマについてのスピーチ

Question　🎧 DL 55

Describe an important email that you have received.

You should say:

　　when you received it

　　who sent it to you

　　what it was about

and explain why the email was so important to you.

🈂

あなたが受け取った大切なメールについて描写してください。

以下のことについて話してください：

そのメールを

　・いつ受け取ったか

　・誰からのメールか

　・それは何についてか

そしてなぜそのメールが大切か説明してください。

Answer

🔍 **モデル回答**

The email was sent about two years ago, by my grandfather who has since passed away. He had just recently bought a smartphone and learned to use it pretty quickly. His birthday was the same as mine so we met every year and exchanged birthday cards. That year, he sent me a thank you email for the card I sent. The email said that I should always work hard and be happy. Even though he was having a hard time in the hospital before he passed away, my grandfather sent me such a warm message. That email still encourages me and reminds me of the warmth of my grandfather.

12. Email Part 2 指定されたテーマについてのスピーチ

訳 私にとって大切なメールは、もう亡くなってしまった祖父から2年前にもらったメールです。祖父は当時スマートフォンを購入したばかりで、すぐに使い方を覚えました。祖父の誕生日は私と同日なので、毎年会うと誕生日カードを交換していました。その年、祖父は私が送った誕生日カードのお礼としてメールをくれました。メールには、私にはいつも努力を絶やさず、幸せでいてほしいと書いてありました。祖父は亡くなる前、病院で辛い時を過ごしていましたが、そのような温かいメッセージを私にくれました。そのメールはいまだに私を励まし、祖父の温かさを思い出させます。

この単語、たいせつ！

☐ encourage
動 励ます

☐ warmth
名 温かさ

自分のことを話してみよう！

NOTE：

POINT

「死」の表現

- **die of A（Aが原因で死ぬ）**
  The patient died of cancer.「患者は癌で亡くなりました。」

- **pass away（亡くなる）**
  My father passed away last year, after a long battle with cancer.「私の父は癌との長い闘病の後、昨年亡くなりました。」

- **take one's life（命を奪う）**
  Some people take their own lives.「自分の命を奪う人もいます。」

- **commit suicide（自殺する）**
  A famous author commited suicide after he completed his work.「ある有名な作家は作品を完成させた後、自殺してしまいました。」

- **join the majority（この世を去り大勢に加わる）**
  I don't want to join the majority.「死にたくありません。」

225

Part 3 テーマを掘り下げた質問

Question 1

What are the advantages and disadvantages of email, compared with other types of communication?

訳 他のコミュニケーションツールと比べた、メールの長所と短所は何ですか？

Answer

モデル回答

One of the advantages of email is that emails are stored forever in the cloud. Whenever there is any miscommunication, emails, even those we think we have deleted, can be recovered and used as evidence in our favour. On the other hand, paper documents or verbal communications can easily be lost or forgotten. However, one issue of email is that it sometimes creates misunderstandings. Unlike face-to-face communication, email cannot deliver a person's facial expression, tone of voice, or gesture. This sometimes confuses the recipient and creates an ambiguity of meaning.

訳 メールの長所の一つは、クラウドに永久に保存されるところです。意思疎通がうまくいかない時は、私たちが削除してしまったと思っているメールでも、証拠として復元することができます。反対に、紙面や口頭でのコミュニケーションは無くしてしまったり、忘れてしまったりします。しかしメールの問題は、誤解を生むことがあることです。対面のコミュニケーションと違い、メールはその人の表情や声色、身振り手振りは伝えることができません。これは時々受け手を混乱させて意味の曖昧さを生んでしまいます。

12. Email Part3 テーマを掘り下げた質問

自分のことを話してみよう！

NOTE：

この単語、たいせつ！

- ☐ delete
  (動) 削除する
- ☐ recover
  (動) 復元する
- ☐ misunderstanding
  (名) 誤解
- ☐ confuse
  (動) 混乱させる
- ☐ recipient
  (名) 受け手
- ☐ ambiguity
  (名) 曖昧さ

このフレーズ、たいせつ！

- ☐ facial expression
  顔の表情

POINT

「曖昧」の表現

- **ambiguous**（異なる2つの意味にとれてしまうほど曖昧な）
  The wording of the agreement is ambiguous.「その契約書の言葉遣いは曖昧です。」
- **unclear**（白か黒かはっきりせず不確かな）
  The cause of this accident is unclear.「この事故の原因は不明です。」
- **vague**（ぼんやりとしていてはっきりとせず曖昧な）
  I have only a vague memory of the accident.「その事故についてはぼんやりとした記憶しかありません。」
- **obscure**（表現が不的確で曖昧な）
  The meaning of this text is obscure.「この文章の意味は不的確で曖昧です。」

Question 2

Do you think writing emails can improve people's writing skills?

📝 メールを書くことは人々のライティングスキルを向上させると思いますか？

Answer

🔍 モデル回答

<u>Writing</u> emails does not necessarily improve people's writing skills. Since writing emails only requires you to write a short, prompt response, you only have to put in minimal effort. In some fields, text speak is even acceptable within emails. Exceptionally, writing skills can be improved by drafting more formal emails and spending some time revising them. However, the fast return rate required of emails means you don't really have the luxury of spending time on checking grammar and spelling. Therefore, there's no real opportunity to brush up your writing skills when you write emails.

📝 メールを書くことは、必ずしもライティングスキルを向上させるとは言えません。メールでは短く即座に返信することしか求められないため、最小限の労力しか求められないからです。ある分野では、略語をメール上で使うことも許されています。例外として、正式なメールを書いたりメールの内容を修正する作業の中でライティングスキルが上がる場合もあります。しかしメールはすぐに返信しなくてはならず、文法やスペルを確認せずに終わってしまうことがほとんどです。そのためメールを書くことはライティングスキル向上の機会には適さないと思います。

12. Email Part 3 テーマを掘り下げた質問

自分のことを話してみよう！

NOTE：

この単語、たいせつ！

☐ prompt
  形 速い
☐ effort
  名 努力
☐ exceptionally
  副 例外的に
☐ revise
  動 見直す、
  訂正する

このフレーズ、たいせつ！

☐ brush up
  磨く

 POINT

「書く」の表現

- **write（書く）**
  Can you write that down for me?「私のためにそれを書き留めておいてくれますか？」
- **draw（描く）**
  His hobby is drawing.「彼の趣味は絵を描くことです。」
- **describe（描写する）**
  Describe the incident as clearly as you can.「できるだけ明確にその出来事を描写してください。」
- **scribble（殴り書きする）**
  It was hard to understand the memo because it was scribbled.「殴り書きだったのでメモを理解するのが難しかったです。」
- **jot down（メモを取る）**
  It was difficult to jot down the word because of the accent.「訛りのせいで、言葉のメモを取るのが難しかったです。」

Question 3

Has the advent of the smartphone changed the way we use emails?

訳 スマートフォンの発明は私たちのメールの使用方法を変えましたか？

Answer

モデル回答

Smartphones have enabled us to send emails more easily. Unlike computers, smartphones are easy to carry so you can reply to emails anytime, anywhere. Some people even prefer emails to calling because it does not require much time and effort to write one email. Furthermore, smartphones now allow us to send pictures and video clips. Those visual contents help email communication to convey information more smoothly. As a consequence, people have got used to sending emails from their phones rather than from their PCs.

訳 スマートフォンは、メールを送ることをより簡単にしました。パソコンと違いスマートフォンは持ち歩きやすく、いつでもどこでも返信ができます。メール一通を書くのは時間も労力もかからず簡単なので、電話よりメールを好む人もいます。その上、今では写真や動画もスマートフォンを通して送れるようになりました。そのような視覚的な内容を送れるようになることで、メールでのコミュニケーション上で情報をやり取りすることがスムーズになりました。結果的に、みんなパソコンではなくスマートフォンからメールを送るようになりました。

12. Email Part3 テーマを掘り下げた質問

自分のことを話してみよう！

NOTE:

この単語、たいせつ！

☐ visual
形 視覚的な

☐ convey
動 運ぶ、伝達する

このフレーズ、たいせつ！

☐ as a consequence
結果として

POINT

「結果」の表現

- **consequence**（必然的な結果や成行き）
  If you don't turn your homework in, you will face severe consequences.「もし宿題を提出しないと酷い結果に直面するでしょう。」
- **result**（因果関係から生じた結果）
  The results of the exam will be announced tomorrow.「テストの結果は明日発表されるでしょう。」
- **outcome**（成果として生まれた結果）
  The outcome is still in doubt.「まだ結果は疑わしいです。」
- **effect**（ある原因から引き起こされた結果）
  A hangover is the effect of too much drinking.「二日酔いは飲酒をし過ぎた結果です。」
- **fruit**（結実した喜ばしい結果）
  His efforts at selling the house bore fruit.「家を売るという彼の努力が実りました。」

Question 4

Do you think people will still write letters in the future?

訳 人々は今後も手紙を書き続けると思いますか？

Answer

🔍 モデル回答

People will not <u>cease</u> writing letters in the future, since letters can convey so much more than emails. Handwriting often shows the feeling behind the writer's words. When someone rushes, his sloppy handwriting shows. If he writes with his full heart, the reader can see the care and effort in his neat handwriting. People still write letters for an important occasion like a wedding announcement or a year-end greeting because it seems far more personal. It's hard to see how advancements in technology can fill in for such occasions, where people want to spend the time to reach out to others.

訳 今後も、人々は手紙を書くことはやめないと思います、なぜなら手紙はメールより断然思いが伝わるからです。手書きは、書き手の言葉の裏の思いを伝えることがあります。その人が急いでいれば、雑な手書きになってしまいます。心を込めて書けば、読み手は丁寧な手書きの文字を見て配慮と努力を感じ取ります。人々は未だに人生で大切な瞬間、例えば結婚式の案内や、年末の挨拶などでは手紙を書きます。なぜならもっと個人的なものになるからです。どれだけ科学技術が発展しようが、人が他人に思いを伝えたい時に手紙にとって代わるとは思えません。

12. Email Part3 テーマを掘り下げた質問

自分のことを話してみよう！

NOTE：

この単語、たいせつ！
- [ ] handwriting
  - (名) 手書きの文字
- [ ] greeting
  - (名) 挨拶
- [ ] occasion
  - (名) 機会

このフレーズ、たいせつ！
- [ ] behind words
  - 言葉の裏に（の）

POINT

「終わる」の表現

finish（終わる）はfinale（フィナーレ）、Finland（フィンランド）、infinity（無限）も同語源です。

- **cease（やめる）**
  The rain ceased suddenly.「雨が突然やみました。」
- **stop（止める）**
  I stopped smoking last year.「去年タバコをやめました。」
- **finish（終わる）**
  I couldn't finish my homework.「私は宿題を終わらせることができませんでした。」
- **end（継続していたものが終わる）**
  World War ll ended in 1945.「第二次世界大戦は1945年に終わりました。」
- **over（終わって）**
  My vacation is more than half over.「私の休みは半分以上終わってしまいました。」
- **complete（目的を達成して終える）**
  I completed my essay before the deadline.「締め切り前にエッセイを書き終えました。」

13. Television

Part 1 プライベートに関する質問

Question 1

How often do you watch TV?
訳 テレビをどれくらい見ますか？

Answer

🔍 **モデル回答**

When I get home from a long day at work, I <u>turn on</u> the TV right away. Watching TV is one of my favourite pastimes.

 仕事で長い1日を過ごして家に帰ってきた日には、テレビをすぐにつけます。テレビを見るのは私の好きな時間の過ごし方です。

Topic	仕事で疲れて帰ってきた時はテレビを見る
	watch TV after a long day at work
Support	テレビを見ることは好き　Watching TV is my favourite pastime

💡 POINT

turnの表現

turn（回転）から派生してreturn（戻す）、tour（ツアー）、tornado（トルネード）、tournament（トーナメント）が同語源です。

- **turn on（電源を入れる）**⇔ turn off
  Turn on the heating before it gets too cold in here. 「ここが寒くなりすぎる前に暖房をつけてください。」
- **turn up（音量を上げる）**⇔ turn down
  If you turn up the volume, the neighbours will complain. 「音量を上げると近隣から苦情が来るでしょう。」
- **turn down（断る）**
  Unfortunately, I had to turn down a job offer. 「残念ながら、仕事のオファーを断らなければなりませんでした。」
- **turn out（わかる）**
  It turned out the company was losing its benefits. 「会社は利益を失っていたということが分かりました。」

13. Television Part 1 プライベートに関する質問

Question 2

What kind of TV programmes are popular in your country?

 あなたの国では、どのようなテレビ番組が人気ですか？

Answer

🔍 モデル回答

That differs according to each age group. Younger people enjoy game shows and TV dramas, whereas older people have a preference for documentaries and news programmes.

 年齢層によって、人気の番組は違います。若い世代はゲーム番組やテレビドラマ、反対に年配の世代はドキュメンタリーやニュースを好みます。

Topic	年齢層により異なる　differ according to each age group
Support	若年層はゲーム番組やテレビドラマを好む younger people enjoy game shows and TV dramas

💡 POINT

テレビ番組のジャンル
- documentary（ドキュメンタリー）
- drama（ドラマ）
- news programme（ニュース）
- sports game（スポーツ）
- music programme（音楽番組）
- reality shows（リアリティ番組）
- comedy（コメディ、お笑い）
- cartoon/anime（アニメ）

自分のことを話してみよう！

NOTE：

Question 3

What kind of advertisements do you often see on TV?
訳 どのようなテレビCMをよく見かけますか?

Answer

🔍 モデル回答

There are a lot of commercials for travel-related companies recently, since it's almost the summer holidays. Those advertisements seem to be <u>targeted towards</u> families, because they always feature families having a good time travelling.

 もうすぐ夏休みのせいもあり、旅行会社のCMを最近よく見かけます。CMは常に旅行を楽しんでいる家族を取り上げているので、ターゲットはファミリー層であるように思われます。

Topic	旅行会社のCMをよく見かけます commercials for travel-related companies
Support	ファミリー層向けである　targeted towards families

💡 POINT

towardの表現

- **target toward A（Aをターゲットにした）**
  A company is going to market a product targeted toward elderly people.「高齢者をターゲットにした商品を売り出します。」
- **attitude toward A（Aに対する態度）**
  The boss pointed out an employee's attitude toward him.「上司は部下の彼に対する態度を指摘しました。」
- **toward the end of A（Aの終わりにかけて）**
  Tourists increased toward the end of 2019.「2019年の終わりにかけて旅行客が増えました。」

13. Television Part 1 プライベートに関する質問

Question 4

From which do you get information more, TV or the internet?
訳 インターネットとテレビ、どちらからより多くの情報を得ますか？

Answer

🔍 モデル回答

I personally get more information from the internet. On the internet, you can put in keywords and search for whatever information you need. It's quicker and more efficient.

訳 私個人としては、インターネットから情報を得ることが多いです。インターネットでは、キーワードを入力するだけで、必要とするどんな情報でも調べることができます。こちらの方が早く、効率的に情報が得られます。

Topic	インターネットから情報を得る　get information from the internet
Support	早く効率的だから　it's quick and efficient

💡 POINT

「インターネット」の表現

- **search for information**（情報を検索する）
  After the meeting, I searched for the information.「ミーティングの後、情報を探しました。」
- **put in keywords**（キーワードを入力する）
  You can find a news topic just by putting in keywords.「キーワードを入力するだけで、ニュース記事を見つけることができます。」
- **surf the internet**（ネットサーフィンをする）
  I like to surf the internet during my free time.「自由時間にはネットサーフィンをすることが好きです。」

自分のことを話してみよう！

NOTE：

Part 2 指定されたテーマについてのスピーチ

Question

DL 58

Describe a TV documentary you watched that was particularly interesting.

You should say:

what the documentary was about

why you decided to watch it

what you learned during the documentary

and explain why the TV documentary was particularly interesting.

訳

あなたが見た中で特に興味深かったテレビドキュメンタリーについて描写してください。
以下のことについて話してください：

・何についてのドキュメンタリーであったか

・なぜ観ることにしたのか

・そのドキュメンタリーから学んだこと

そしてなぜそのドキュメンタリーが特に興味深かったのか説明してください。

Answer

モデル回答

I recently watched a TV documentary about the animals in the Arctic, whilst on an airplane to Japan. Although I watched the show just to kill some time on the plane, I learned a lot from this video. One thing that stuck in my <u>mind</u> is that the animals are strongly affected by the environment. For example, when the temperatures goes down, a lot of animals adjust themselves by changing their physical features. The program showed that even under severe conditions like in the Arctic, animals somehow find ways to survive. Another outstanding thing about this documentary was that it introduced various animals that we don't often see in Japan. For example, I found the bearded seals very adorable, especially how they sway their bodies while swimming underwater to get their food. Since I was a big fan of Tama-chan, the famous seal that appeared in the Tama river in 2002, they really caught my eye.

238

13. Television Part2 指定されたテーマについてのスピーチ

 最近日本への飛行機の中で、北極圏の動物についてのテレビドキュメンタリーを見ました。時間潰しのために見たにも関わらず、その番組から学ぶことがたくさんありました。一つ印象に残ったのは、動物は環境に大きく影響されるということです。例えば気温が下がれば、多くの動物たちは身体の特徴を変化させて、その環境に合わせることができます。北極圏のような厳しい環境の中でも、動物たちはどうにか生きる術を見つけるということを、その番組は描いていました。もう一つ、このドキュメンタリーの際立っていたところは、日本ではなかなか見ることのない様々な種類の動物たちを紹介していたところです。例えば、特に食べ物を手に入れるために水の中で体を揺らしながら泳ぐヒゲのあるアザラシがとても可愛いと思いました。多摩川で2002年に発見された、日本で有名なアザラシ「タマちゃん」がとても好きだったのもあり、そのアザラシの映像に私は目を奪われました。

この単語、たいせつ！
- [ ] Arctic
  名 北極圏
- [ ] whilst
  接 〜しながら
- [ ] adjust
  動 合わせる
- [ ] sway
  動 体をゆさぶる

このフレーズ、たいせつ！
- [ ] catch eye
  目を引く
- [ ] bearded seal
  アゴヒゲアザラシ

POINT

mindの表現

mindの語源は「心」でmental（心の）、mood（気分）、remind（思い出させる）と同語源です。

- **stick in one's mind**（心に焼き付きいつまでも離れない）
  One incident stuck in my mind.「あの出来事が心に焼き付きいつまでも離れません。」
- **come into one's mind**（思いつく）
  A good idea came into my mind.「いい考えを思いつきました。」
- **make up one's mind**（決意する）
  I made up my mind to study abroad next year.「来年留学することを決意しました。」
- **bear A in mind**（Aを心に留めておく）
  Please bear your future in mind when using your parents' money.「親のお金を使うときは将来のことを心に留めておいてください。」
- **blow one's mind**（衝撃を与える）
  The animation blew my mind.「そのアニメーションは私に衝撃を与えました。（＝私は衝撃を受けました）」
- **open-minded**（偏見のない）
  He is an open-minded person.「彼は偏見のない人です。」

Part 3 テーマを掘り下げた質問

Question 1

What are the most popular kinds of TV programmes in your country?
訳 あなたの国で最も人気があるテレビ番組はなんですか？

Answer
🔍 モデル回答

I believe the most popular kind of TV programme in Japan is the variety show, because lots of famous <u>celebrities</u> appear on them. Japanese comedians have a great presence in the TV industry and they are often seen on these shows. In addition, popular actors make cameo appearances on those shows for promotional activities. Many Japanese people watch TV at a particular broadcasting time to see their favourite celebrities.

訳 日本で最も人気のあるテレビ番組は、バラエティー番組です。なぜなら多くの有名な芸能人が出演するからです。日本のお笑い芸人は、テレビ業界で大きな存在感があり、バラエティーでしょっちゅう見かけます。さらに人気の俳優や女優が、そのような番組に宣伝の目的でしばしば出演します。多くの日本人は、自分の好きな芸能人が見られる時間帯にテレビを見ます。

13. Television Part3 テーマを掘り下げた質問

自分のことを話してみよう！

NOTE：

この単語、たいせつ！
- ☐ presence
  - 名 存在、存在感
- ☐ industry
  - 名 業界、産業
- ☐ celebrities
  - 名 芸能人

このフレーズ、たいせつ！
- ☐ TV programme
  - テレビ番組

POINT

「日本語と英語で違うカタカナ」の表現

- **celebrity（有名人）**
 *日本語のセレブはお金持ちのイメージ
- **mansion（大豪邸）**
 *日本語のマンションはapartmentかflatを使いましょう。
- **outlet（コンセント）**
 *consentはcon（共に）＋sent（感じる）から「同意」という意味になります。
- **buffet（バイキング）**
 *buffet style restaurantは「バイキング形式のレストラン」
- **shirt（ワイシャツ）**
 *white shirt（白いシャツ）を聞き間違えて「ワイシャツ」と呼ぶようになりました。
- **tension（緊張）**
 *「緊張している」はnervousを使います。
- **talent（才能）**
 *日本でいう「芸能界のタレント」はentertainerと言います。

241

Question 2

What types of products are advertised most often on TV?

訳 テレビで最も頻繁に宣伝される商品はなんですか？

Answer

🔍 モデル回答

In Japan, TV commercials featuring cars are the most popular out of all the TV commercials. I think this is due to the huge monopoly the car industry has in the Japanese economy. Aside from these, we also get a lot of food advertising. Companies are constantly coming up with new food products, so there are a lot of these commercials too.

訳 日本では、車のテレビコマーシャルが最もよく見られます。日本の経済界を車産業が大きく独占していることに関係あると思います。車以外ですと、食料品のCMがよく見られます。企業は常に新しい食料品を開発しているので、そのCMも多いです。

13. Television Part 3 テーマを掘り下げた質問

自分のことを話してみよう！

NOTE：

この単語、たいせつ！
- ☐ monopoly
  (名) 独占
- ☐ economy
  (名) 経済
- ☐ advertising
  (名) 宣伝、広告
- ☐ constantly
  (副) 常に

このフレーズ、たいせつ！
- ☐ come up with A
  Aを思いつく

POINT

「宣伝」の表現

advertisement（広告）の省略形はイギリス英語でadverts、アメリカ英語ではadsと言います。

- **advertising（広告の）**
  He is working at an advertising agency.「彼は広告会社で働いています。」
- **publicise（宣伝する）**
  Companies spend a lot of money on publicising a new product.「会社は新しい商品を宣伝するのに多額の金を支払います。」
- **public relations（PR）**
  I am new to the PR team.「私はPRチームに最近携わり始めました。」
- **product（商品）**
  The brand came up with an eco-friendly product.「そのブランドは環境に優しい商品を開発しました。」
- **service（サービス）**
  The company is selling a service instead of a product.「会社は商品ではなくサービスを売っています。」
- **commercial（商品化された）**
  Broadway is commercial arts.「ブロードウェイは商業化された芸術です。」

243

Question 3

How important are regulations on TV advertising?

🈩 テレビ広告における規制はどれくらい大切だと思いますか？

Answer

🔍 モデル回答

I believe it is very important to have an <u>adequate</u> regulatory framework
for TV advertisements. Without this, it is far too easy for the general
public to fall prey to misleading information. When products are
advertised without the necessary education about their content,
the companies profit while the individual suffers. There have been
instances of wildly inappropriate advertisements which resulted in real-
world violence. The ability to ban these kinds of advertisements is a
vital safety measure.

🈩 テレビ広告において、適切な規制の枠組みはとても重要だと思います。規制がなければ、一般市民が簡単に間違った情報の餌食になってしまうからです。もし商品が、必要な教育もなしに宣伝されてしまうと、会社は利益を得ますが、個人は大変な目に合います。野蛮で不適切な広告が、実社会で暴力となってしまったケースもありました。このような広告を禁止する能力は、安全を守るために重要です。

13. Television Part 3 テーマを掘り下げた質問

自分のことを話してみよう！

NOTE：

この単語、たいせつ！

☐ adequate
（形）適切な

☐ mislead
（動）誤った方向に導く

☐ profit
（名）利益

☐ instance
（名）例

☐ violence
（名）暴力

このフレーズ、たいせつ！

☐ result in A
Aにつながる、結果的にAとなる

POINT

「適切」の表現

- **appropriate（適切な）**
This content is not educationally appropriate. 「この内容は教育上適切ではありません。」

- **inappropriate（不適切な）**
A commentator apologised after he said inappropriate things. 「コメンテーターは不適切な発言をした後に謝罪しました。」

- **proper（適切な）**
People should wear proper clothes to weddings. 「結婚式では適切な服装を着るべきです。」

- **adequate（十分な）**
I am satisfied as long as I have an adequate income to support my family. 「家族を支える十分な収入があれば、私は満足です。」

- **pertinent（適切な）**
My friend gave me some pertinent advice. 「私の友人は適切なアドバイスをくれました。」

245

14. Film

Part 1 プライベートに関する質問

Question 1

How often do you go to the cinema?
訳 どのくらいの頻度で映画館に行きますか？

Answer

🔍 **モデル回答**

Although it varies depending on my personal schedule, I try to <u>see</u> a film once a month. When I do, I go by myself or with my friend.

 予定によりますが、月に一度は行くようにしています。映画館には一人で行くときもあれば、友達と行くときもあります。

Topic	月に一度は行く　see a film once a month
Support	一人で行くか、友達と行く　go by myself or with my friend

💡 POINT

「見る」の表現

- **see**（見る）
  Let me see your passport.「あなたのパスポートを見せてください。」
- **watch**（動いているものを見る）
  I watch TV when I come back from work.「仕事から帰ってくるとテレビを見ます。」
- **look**（パッと見る）
  Please look at the menu and ask me if you have any questions.「メニューをご覧になって、質問がありましたらお聞きください。」
- **stare**（見つめる）
  My dog is staring at the window.「私の犬が窓を見つめています。」
- **observe**（観察する）
  Psychologists observe human behaviours very carefully.「心理学者は人間の行動を注意深く観察します。」
- **glance**（チラ見する）
  The lady glanced at me at the party.「その女性がパーティーで私をチラ見しました。」

14. Film **Part 1** プライベートに関する質問

Question 2

Do you prefer to watch a film at the cinema or at home?
訳 映画は、映画館と家のどちらで観ることが好きですか？

Answer

🔍 モデル回答

Nowadays, more and more people are streaming films online. With companies like Netflix and Hulu offering their own independent creations, as well as the usual blockbusters, there are more reasons to just stay at home and watch films in comfort.

訳 最近はより多くの人々がオンラインで映画を観るようになっています。Netflix や Hulu など、オリジナルの作品や名作映画を提供している会社があるので、自然と家にとどまってゆったりと映画を観るようになります。

Topic	オンラインで映画を見るようになっている
	more and more people are streaming films online
Support	家にとどまってゆったりと映画を見る
	stay at home and watch films in comfort

💡 POINT

「大作」の表現

blockbuster という言葉はなかなか聞いたことがない人がほとんどかと思います。これは特に映画の「大作」という意味で使用されます。blockbuster はもともと、第二次世界大戦の時代に、町を一撃してしまうような爆弾のことを説明するため "blockbuster bomb" という使い方をしていました。少し刺激的な単語ですが、これが後に社会に大きな影響を与えるような「大作映画」を意味する名詞になりました。同様の意味の名詞は megahit, smash, success などがあります。

自分のことを話してみよう！

NOTE：

247

Question 3

Which film from your childhood do you remember most?
訳 子どもの頃に観た映画で印象に残っている作品はありますか？

Answer

🔍 モデル回答

Home Alone was one of my favourite films as a child. Whenever my cousins and I gathered, we watched it together. The story was a little complex for me to fully understand at that time, but I was able to appreciate the slapstick comedy and the ingenuity of the little boy. How the main character struggled and solved problems gave me courage. Every year when Christmas comes, it reminds me of this great memory of watching *Home Alone* with my family all around me.

 子どもの頃好きだった映画は『ホームアローン』です。いとこと集まるといつも一緒に観ました。当時の私には完璧に理解するには少し複雑な内容でしたが、そのドタバタさと主人公の男の子の巧妙さを楽しむことができました。主人公が奮闘し、問題を解決する姿に勇気をもらいました。毎年クリスマスが来ると、家族と『ホームアローン』を観たのを思い出します。

Topic	『ホームアローン』 *Home Alone*
Support	従兄弟と一緒に見た　watched it with my cousins

💡 POINT

子どもの頃の表現

- **as a child**（子どもの頃）
  I learned how to play the piano as a child.「子どもの頃ピアノの弾き方を覚えました。」
- **when I was little**（私が小さかった頃）
  When I was little, I used to play with my grandfather.「私が小さかった頃、祖父と遊びました。」
- **when I was younger**（私が若かった頃）
  I was able to run faster when I was younger.「若かった頃はもっと早く走れました。」
- **in my childhood**（子ども時代）
  I believed in Santa Claus in my childhood.「子どもの頃、サンタクロースを信じていました。」

14. Film Part1 プライベートに関する質問

自分のことを話してみよう！

NOTE：

Part 2 指定されたテーマについてのスピーチ

Question

DL 61

Describe a film you recently watched.

You should say:
    what it was
    when you watched it
    who you watched it with
and explain why you liked it

訳

最近観た映画について描写しなさい。
以下のことについて話してください：
  ・何の映画か
  ・いつ観たのか
  ・誰と観たのか
そしてなぜその映画が好きかを説明しなさい。

Answer

モデル回答

A film I watched around two months ago with my friend was called '*Future Journey*'. The film is about people who move to Mars after a disaster happens on Earth and they can no longer stay here. The story was a work of science fiction but completely convincing at the same time. Its depiction of the destroyed Earth was so realistic that I could believe something like that could actually happen in the future. I also enjoyed the romantic storyline between the two protagonists. Switching between these intimate moments and the stark realities of this new world of Mars made the movie more impactful. I would recommend you give it a watch.

14. Film Part2 指定されたテーマについてのスピーチ

 ２ヶ月前に友人と「未来の旅」という映画を観ました。地球で災害が起こり、人が住めなくなってしまい、火星に移住することになる人々を描いた作品です。物語はSFでしたが、同時にとても説得力がありました。未来で実際にそのようなことが起こるのではないかと思えるほど破壊されてしまった地球の描写はとてもリアリティがありました。二人の主人公の間の恋愛描写も楽しみました。それらの親密なシーンと火星という新世界での厳しい現実との切り替えが映画をより印象的なものにしていました。ぜひ観ていただきたいと思います。

この単語、たいせつ！

☐ Mars
　名 火星
☐ convincing
　形 説得力がある
☐ depiction
　名 描写
☐ protagonist
　名 主人公
☐ impactful
　形 効果の著しい

POINT

「映画の感想」の表現

映画や何かを見た感想を言う際に、自分が感じた気持ちをストレートに表す単語を覚えてみましょう。日本語で「感動した」と言いたい場合でも、英語では少しずつニュアンスが違い、どの言葉を使うかによってニュアンスが異なります。

- **amazing（素晴らしい）**
The film I watched the other day was amazing.「先日観た映画は素晴らしかったです。」
- **one of a kind（個性派の）**
A fashion designer is one of a kind.「ファッションデザイナーは個性派です。」
- **thrilling（身震いするような）**
The experience was thrilling.「その体験は身震いするほど興奮するものでした。」
- **emotional（感情的な）**
The audience was brought to tears by the emotional songs.「観客は感情的な曲を聴いて涙しました。」
- **inspiring（元気づけるような）**
I like books that are inspiring.「元気づけられるような本が好きです。」
- **outstanding（優れた）**
The prize was given to an outstanding performer.「優れたパフォーマーにその賞は送られました。」
- **memorable（記憶に残る）**
I have never had such a memorable dream.「そこまで記憶に残る夢は見たことがありません。」
- **awesome（素晴らしい）**
It's awesome that she wants to be just like her father.「彼女が父親の様になりたいなんて素晴らしいです。」

Part 3 テーマを掘り下げた質問

Question 1

Why do people still enjoy going to the cinema, even though we can enjoy films on the internet?

訳 インターネットで映画が観れるにも関わらず、なぜ人々は今でも映画館に足を運ぶと思いますか？

Answer

モデル回答

Going to the cinema is still popular because it is an extraordinary experience. One special thing about cinemas is that there is a bigger screen. The screen gives the full energy of a film to an audience. Huge visual images have a lot of impact on the audience, unlike TVs or laptops, which have smaller screens. Another unique thing about a cinema is that the audience can share a surprise with other spectators. When they hear other people's gasps or cries, they will be influenced and be able to immerse themselves in the mood. If people watch films at home, they will miss these extraordinary moments in a communal space. For these reasons, there are still many cinema fans.

訳 映画館がいまだに人気なのは、それが特別な体験だからです。映画館ならではの特別な点の一つは大きなスクリーンです。大きなスクリーンは観客に映画の最大のエネルギー（迫力）を伝えます。大きな視覚的映像はテレビやパソコンなどの小さな画面とは違い、とても大きな影響力があります。別の点は、観客が他の観客と驚きを分かち合えることです。他の観客の驚く声や泣き声が聞こえると影響を受け、その雰囲気に浸ることができます。家で映画を観ても、映画館のような共用スペースならではの特別な瞬間を体験することができません。このような理由でいまだに多くの映画ファンがいるのです。

14. Film **Part3** テーマを掘り下げた質問

自分のことを話してみよう！

NOTE：

この単語、たいせつ！
- □ extraordinary
  形 特別な
- □ audience
  名 観客、聴衆
- □ spectator
  名 観客、傍観者
- □ immerse
  動 入れる、浸らせる
- □ gasp
  名 ハッと息を飲むこと

POINT

「映画」の表現

映画の起源は19世紀後半に遡り、静止画（still image）を連続的に見せて動きを再現しmotion pictureと呼ばれるようになりました。motion（動き）の語源はmot「動く」で同語源にmotor（モーター）、motivation（動機）、emotion（感情）などがあります。アメリカ英語のmovie（映画）も同語源で映画館はmovie theaterとなります。イギリス英語で映画はfilm、映画館はcinemaとなります。

253

Question 2

Do you think that films reflect what happens in the real world?

訳 映画は、社会で起きている現実を映し出していると思いますか？

Answer

🔍 モデル回答

Fictional films usually do not <u>reflect</u> the reality of society. The main purpose of films is to distract people from reality and to let them enjoy a world of make-believe. For example, in '*Back to the Future*', the main character travels through time with a time-travelling car which his friend Doc created. This is obviously not real, but children watch and dream about being able to move through time, like in the film. Computer graphics are often used in films to make the fiction believable. On that account, fictional films are usually not reflections of real life.

訳 フィクション映画は、通常社会の現実を描いてはいません。映画の大きな目的は人々を現実から遠ざけて、架空の世界を楽しませることです。例えば、「バックトゥーザ・フューチャー」では、主人公は友人のドクが作ったタイムマシンの車に乗って時空を超えて旅をします。これは明らかに現実的ではありませんが、映画を観る子どもたちは映画の中のように時空を超えて旅をすることを夢見ます。フィクションをリアリティのあるものにするために映画ではCGがしばしば使用されます。そのためフィクション映画は現実の世界を映し出したものではありません。

254

14. Film **Part3** テーマを掘り下げた質問

自分のことを話してみよう！

NOTE:

この単語、たいせつ！
- □ reflect
  - 動 映す、反映する
- □ obviously
  - 副 明らかに
- □ fictional
  - 形 フィクションの

 POINT

reflectの語源
reflectの語源はre（後ろ）+ flect（曲げる）から反射しているイメージです。reflectは「反射する」以外に「反省する、振り返る」という意味もあります。flexibleはflex（曲げる）＋ible（できる）＝曲げることができるから「柔軟な」という意味になりました。ちなみにinflectは「声の高さ・調子を変える、語形変化させる」という意味があり名詞形のinflectionは「音調の変化・語形変化」を意味し、英語学習ではよく出てくる表現です。

Question 3

What kind of effects do films have on people?

訳 映画は人々にどのような影響を与えますか？

Answer

モデル回答

Films introduce people to <u>different perspectives</u>. Characters with various personalities show up in films. When people see a character whose personality is unlike their own, they will be surprised to see the ways the character reacts to a situation. People might even feel frustrated with a character because they do not understand why that character reacts in a particular way. By watching films, people learn unfamiliar perspectives and maybe even incorporate them into their own lives. When people are having a tough time, they will remember the film and tackle the situation in a different way. Films provide people with unique points of view and they can enrich people's minds.

訳 映画は人々に違った視点を与えます。映画の中には、様々な性格の登場人物が出てきます。観客は自分とは違った性格の登場人物を観たとき、彼がその状況に対して、自分とは違った対応の仕方をすることに驚くことでしょう。なぜキャラクターがそのように反応するのかが理解できず、苛立ちさえ覚えるかもしれません。映画を見ることで、人は馴染みのないものの見方を学び、自分自身の生活にも取り入れる時があります。人は辛い状況にあるとき、映画を思い出して、その状況を違ったように解釈できます。映画は、人々に独特なものの見方を与えてくれ、それによって人々の考え方を豊かにしてくれます。

256

14. Film Part3 テーマを掘り下げた質問

自分のことを話してみよう！

NOTE：

この単語、たいせつ！
- ☐ perspective
  - 名 視点、観方
- ☐ personality
  - 名 性格
- ☐ frustrate
  - 動 イライラさせる
- ☐ incorporate
  - 動 取り入れる
- ☐ enrich
  - 動 豊かにする

POINT

「視点」の表現

- **different perspective（異なった視点）**
  Everyone has different perspectives.「誰もが異なった視点を持っています。」
- **unfamiliar perspective（馴染みのない視点）**
  People get overwhelmed when they encounter unfamiliar perspectives.「人は馴染みのない視点に出会うと、圧倒されてしまいます。」
- **educational perspective（教育的視点）**
  Professors talk from an educational perspective.「教授は教育的視点から話します。」
- **a point of view（視点）**
  It is wrong from every point of view.「それはどこからどう見ても間違っています。」

Question 4

Do you think foreign films are different to films from your country?

訳 海外の映画はあなたの国の映画と異なると思いますか？

Answer

🔍 モデル回答

Japanese films and western films are very dissimilar. For instance, Japanese films usually have more silent moments than western films. Traditionally, Japanese people communicate with each other by guessing other people's thoughts without expressing their words. That personality is often depicted in films. Another difference is that Japanese films do not have clear endings, whereas western films seem to want some kind of definitive resolution. Japanese films offer vague finishes to make the audience think even after the credits have rolled. I haven't really seen this kind of ambiguity in other countries' films.

訳 日本の映画と西洋の映画はとても異なります。例えば、日本の映画は西洋の作品よりも沈黙が多いです。伝統的に、日本人は他人の考えていることを言葉を使わずに察知してコミュニケーションをとります。その性格が映画にも描かれていることがしばしばあります。また別の異なる点は、日本の映画ははっきりとした結末がないことがありますが、西洋の作品は何かしらのはっきりした物語の解決を望むということです。日本の映画は、エンドロールが終わった後にも観客に考えさせるために、曖昧な結末を残します。このような曖昧さは他の国の映画ではあまり見たことがありません。

14. Film Part 3 テーマを掘り下げた質問

自分のことを話してみよう！

NOTE：

この単語、たいせつ！

- ☐ dissimilar
  - (形) 似ていない
- ☐ silent
  - (形) 静かな
- ☐ depict
  - (動) 描写する
- ☐ resolution
  - (名) 解決
- ☐ vague
  - (形) 曖昧な
- ☐ ambiguity
  - (名) 曖昧さ

POINT

「類似」の表現

- **similar**（似ている）
  This question is similar to the previous one.「この質問は前回の質問と似ています。」
- **resemble**（身体的に似ている）
  My daughter resembles her grandmother.「うちの娘はおばあちゃんに似ています。」
- **take after**（血縁関係があり似ている）
  You take after your father in physical ability.「君の身体能力はお父さんに似ていますね。」*血縁者から名前をもらうときはname afterを使います。
- **look like**（見た目がそっくり似ている）
  My teacher looks like a horse.「私の先生は馬に似ています。」
- **comparable**（同等の）
  A customer is looking for a comparable product.「顧客は同等の商品を探しています。」

Question 5

Do you think people change their preferences in film when getting older?

訳 映画の好みは年齢を重ねるごとに変わってくると思いますか？

Answer

🔍 モデル回答

Film preferences do not change as people grow up. Things people see in early childhood are so impactful that people continue to like the same pieces even when they are older. For instance, adult Japanese women nowadays often go to see Japanese anime adaptations they watched on TV as children. I saw one interview where a young woman was gushing about how big of a fan she was of the anime and was thrilled by being able to see it on the big screen now. Kids tend to be more open and flexible to take in any kind of content, so this tends to influence their preferences. Once the preference is cemented at an early stage, it tends to persist into later years.

訳 映画の好みは、年齢を重ねても変わらないと思います。幼少期に観た映画は大きな影響を与えるので、人々は年を取っても同じような作品を好み続けます。例えば、最近の日本の成人女性は、子どもの頃にテレビで見たアニメのリバイバルをしばしば映画館に観に行っています。あるインタビューで、若い女性が、そのアニメの熱心なファンであり、また映画館の大きなスクリーンで再び観られることに感激していると興奮して答えている姿を見ました。子どもはもっと開放的で、どんな内容でも柔軟に直接的に取り入れる傾向があるので、人々の好みに影響してくるのだと思います。子どもの頃に固まった好みは、その後も継続する傾向があります。

14. Film **Part3** テーマを掘り下げた質問

自分のことを話してみよう！

NOTE：

この単語、たいせつ！

☐ preference
（名）好み
☐ flexible
（形）柔軟な
☐ cement
（動）固める
☐ persist
（動）貫く、持続する

このフレーズ、たいせつ！

☐ gush about A
Aへの愛を熱く語る

 POINT

「名詞の形をした動詞」の表現

- **water**（水をやる）
My grandmother waters the flowers twice a week.「私の祖母は週2回花に水をやります。」
- **face**（直面する）
Kids ask for help when they face difficult situations.「子どもは難しい状況に直面すると、助けを求めます。」
- **book**（予約する）
I would like to book a table for two.「2人席を予約したいです。」
- **chair**（議長を務める）
He will chair the board of directors meeting just for today.「彼は今日だけ役員会議の議長を務めます。」
- **cement**（固める）
That event cemented our friendship.「その出来事が私たちの友情を強固にしました。」

15. Clothes

Part 1 プライベートに関する質問

Question 1

What kind of clothes do you like to wear?
訳 どんな服装が好きですか？

Answer

🔍 **モデル回答**

My favourite outfit is a blue jacket. This jacket goes well with any kind of bottoms, therefore I wear it quite often.

 私が好きなのは、青いジャケットです。ジャケットはどんなボトムスとも合うので、よく着用します。

Topic	青いジャケット　blue jacket
Support	よく着用する　wear it quite often

💡 POINT

「似合う」の表現

- **go well with**（合う）
  The T-shirt goes well with jeans. 「そのTシャツはジーンズに合います。」
- **fit**（合う）
  The dress really fits you. 「そのドレスは君に似合います。」
- **suit**（似合う）
  Short skirts don't really suit me. 「短いスカートは似合いません。」
- **match**（似合う）
  The red tie matches your jacket. 「その上着には赤いネクタイが合います。」
- **look good**（似合う）
  You look good in jeans. 「あなたはジーンズが似合います。」
- **choose one's outfit**（洋服を決める）
  I have to choose my outfit for the day. 「私はその日の服装を決めなければなりません。」

15. Clothes **Part 1** プライベートに関する質問

Question 2

In what kind of places do you like to shop for clothes?
訳 どんなところで洋服を買うのが好きですか？

Answer

🔍 **モデル回答**

Shopping centres are where I often get my clothes. There is one shopping centre near my house called "Star" and it has the most variety. Whenever I need an outfit for work, I go there and find a proper outfit.

 ショッピングセンターで買うことが多いです。家の近くに「スター」というショッピングセンターがあり、そこは一番種類が多いです。仕事用の洋服が必要な時はいつもそこに行き、きちんとしたものを購入します。

Topic	ショッピングセンター shopping centres
Support	種類が豊富 it has the most variety

💡 POINT

「多様」の表現

- **variety**（多様性）
  This store has a lot of variety in snacks.「そのお店はお菓子の種類が豊富です。」
- **various**（多様な）
  I like various types of music.「私は様々なタイプの音楽が好きです。」
- **vary**（異なる）
  Questions vary depending on the person.「質問は人によって異なります。」
- **diversity**（多様性）
  New York is known for its ethnic diversity.「ニューヨークは人種の多様性で知られています。」
- **diverse**（多様な）
  When I was studying abroad, my class was diverse.「留学をしていた時、私のクラスは国際色豊かでした。」

Question 3

How important is fashion to you?

訳 ファッションはあなたにとってどれくらい重要ですか？

Answer

🔍 モデル回答

Fashion is an essential part of my life. Showcasing myself differently according to the time or place and who I am with excites me. It sometimes takes hours for me to choose what to wear for the day. Fashion gives me an opportunity to <u>express</u> myself.

 ファッションは私の人生になくてはならないものです。時・場所・誰といるかに合わせて自分を違ったように表現するのはとても楽しいです。時々その日に着る服を決めるのに何時間もかかってしまうこともあります。ファッションは自分を表現する機会を私に与えてくれます。

Topic	人生になくてはならないもの	essential part of my life
Support	自分を表現する機会	opportunity to express myself

💡 POINT

expressの語源

express（表現する）の語源はex（外）＋press（押す）＝外に自分の気持を押し出す＝表現するとなりました。対象的にimpress（印象付ける）はim（中に）＋press（押す）＝自分の中に見たものを押される＝印象付けるとなり、初めて会ったときの印象はfirst impression（第一印象）となります。

- **express（表現する）**
  Some Japanese people find it difficult to express how they really feel.「本当にどう感じているのかを表現することが難しいという日本人もいます。」
- **impress（印象付ける）**
  I was deeply impressed by his presentation.「彼のプレゼンテーションには深く感銘を受けました。」
- **depress（憂鬱にする）**
  The death of my pet dog depressed me.「愛犬の死によって私は気落ちしました。」
- **compress（圧縮する）**
  I compressed my presentation into 5 minutes on the spot.「私はその場でプレゼンテーションを5分に短縮しました。」

Question 4

Does your country have traditional clothes?

訳 あなたの国に民族衣装はありますか？

Answer

🔍 モデル回答

Japanese people <u>wear</u> kimonos for special occasions like New Year's or weddings. Kimonos have many layers, which means that you sometimes need the help of a professional to dress you properly. Kimonos also have a variety of designs and colours, thus people get to choose different versions of it depending on the occasion.

訳 日本人は、新年や結婚式など特別な時に着物を着用します。着物は何層もあり、適切に着用するにはプロの助けが必要な場合があります。また、着物には様々なデザインや色があるので、その場面に合わせて違った種類の着物を選ぶことができます。

Topic	着物　kimonos
Support	着物は何層もあり、様々なデザインや色がある Kimonos have many layers and a variety of designs and colours

💡 POINT

「着る」の表現

wearは「着ている」という状態、put onは「着る」という動作です。

- **wear（着ている状態）**
  Kimono is only worn for special occasions.「着物は特別な機会にのみ着られます。」
- **put on（着るという動作）**
  I sometimes put on sunglasses when it is blindingly bright outside.「外がまぶしすぎる時には、たまにサングラスをかけます。」

自分のことを話してみよう！

NOTE：

Part 2 指定されたテーマについてのスピーチ

Question

🎧 DL 64

Describe a piece of clothing you have recently bought.

You should say:

where you bought it

how you bought it

why you chose it

and explain how good your shopping experience was

🈂

最近購入した洋服について描写してください。

以下のことについて話してください：

・どこで購入したか

・どのようにして購入したか

・なぜそれを選んだか

そしてその買い物がどれほど良かったか説明してください。

Answer

🔍 **モデル回答**

My most recent purchase was a pair of <u>green</u> trousers, which I got at a boutique in Shinjuku. The shop was very close to the station and I had always wanted to stop by. One day I passed by the store after work and spotted some bright green trousers from outside. Entering the shop was a challenge for me because it was so quiet and there weren't many customers around. Despite the silence, the green trousers were so outstanding and stylish that they drew me inside. The trousers were not only trendy but also very comfortable to put on, so I bought them instantly. Now they are a staple of my outfits.

15. Clothes Part2 指定されたテーマについてのスピーチ

 一番最近の買い物は、新宿のブティックで買った緑のズボンです。その店は駅からとても近く、いつも立ち寄ってみたいと思っていた場所でした。ある日、仕事帰りにお店を通りがかり、外から明るい緑色のズボンを見つけました。お店が静かであまりお客さんがいなかったので、入店するのは勇気がいりました。（店内は）静かでしたが、その緑のズボンはとても目立っていて、かっこよかったので、思わずお店に引き込まれました。そのズボンは流行りのデザインだっただけではなく、着心地もよかったので、すぐに購入しました。今そのズボンは必須アイテムです。

この単語、たいせつ！

- [ ] trousers
  - 名 ズボン
- [ ] spot
  - 動 見つける
- [ ] outstanding
  - 形 目立つ
- [ ] staple
  - 名 必須アイテム

このフレーズ、たいせつ！

- [ ] stop by
  - 立ち寄る

自分のことを話してみよう！

NOTE：

POINT

「色」の表現

色には様々な表現や歴史があり日常会話でも頻繁に使われます。またIELTSのスピーキングでは色について質問されることがありますので以下の知識を発表できるようにしましょう。**white（白）** は「純粋」なイメージから white as snow（潔白な）や white lie（罪のない優しい嘘）という表現があります。対象的に **black（黒）** はネガティブなイメージが強く black lie（たちの悪い嘘）や black humour（風刺画的なジョーク）、black market（闇市場）などがあります。また「白黒」は英語では black and white となり、その他にも rich and poor（貧富）や right and left（左右）も逆なので注意が必要です。**red（赤）** は「情熱」や「愛」のイメージの他に「危険」のイメージもあります。国際自然保護連合（IUCN）が作成している絶滅の恐れがある野生生物に選定された一覧は Red List と呼ばれます。また go into the red（赤字に転じる）も覚えておきましょう。**blue（青）** は学校や仕事が始まる月曜日のことをネガティブに捉えて blue Monday（憂鬱な月曜日）と言ったり憂鬱な気分のときには feel blue と言ったりします。また「作業服を着た肉体労働者」を white-collar（頭脳労働者）の対照として blue-collar と呼びます。out of the blue（突然に）や once in a blue moon（滅多にない）も必須表現です。**green（緑）** と言えば日本人が green light を「青信号」を呼ぶことについては万葉集の時代から緑のものを青と呼ぶと聞いたことがあります。また green は自然環境のイメージから go green で「環境に優しくする」という意味にもなります。そして green には未熟なイメージもあり green wine（成熟していないワイン）や green as grass（世間知らず）となります。

Part 3 テーマを掘り下げた質問

Question 1

What effects does online shopping have when you buy clothes?

訳 洋服を購入する際、オンラインショッピングはどのような効果がありますか？

Answer

モデル回答

Online shopping has both pros and cons. One of the advantages is its convenience. <u>Customers</u> do not have to visit a physical shop to buy things. Even if you live far away from your favourite shop, online shopping offers a delivery service. You can also avoid the crowds and shop at your own pace. One of the cons is that a product's quality is not guaranteed. Because you can't actually see and feel what it is like, a lot of people end up returning the item once it's delivered. As long as you understand both sides of online shopping, you can make full use of the service.

訳 オンラインショッピングには長所と短所があります。長所の一つはその利便性です。お客さんは、実際に店舗に訪れなくても物を購入できます。お気に入りのお店から離れた場所に住んでいたとしても、オンラインショッピングには宅配サービスがあります。人混みを避けて自分のペースで買い物をすることもできます。短所の一つは、製品の質が保証されていないという点です。商品を実際に手にとって見ることができないため、多くの人は結局商品を返品してしまいます。オンラインショッピングの良い点、悪い点の両面を理解すればそのサービスを十分に活用することができると思います。

15. Clothes Part3 テーマを掘り下げた質問

自分のことを話してみよう！

NOTE:

この単語、たいせつ！

- ☐ convenience
  - 名 便利さ
- ☐ physical
  - 形 物理的な
- ☐ delivery
  - 名 宅配
- ☐ avoid
  - 動 避ける
- ☐ gurantee
  - 動 保証する
- ☐ return
  - 動 返品する、返す

このフレーズ、たいせつ！

- ☐ pros and cons
  - 長所と短所
- ☐ make use of A
  - Aを利用する

POINT

「客」の表現

customer（客）には様々な種類と使い分けが必要です。「お店で買物をしてお金を支払う客」はcustomerですが、「ホテルなどでもてなしを受ける客」はguestとなり、「技術的なサービスを受ける顧客や取引先」はclientと言います。また場所や目的によっても呼び名が異なります。「スタジアムなどに観戦にきた観客」はspectatorと呼び、「テレビやラジオ、公演やオーケストラなどの聴衆」はaudienceと呼びます。また「電車やバスの乗客」はpassengerと言います。

Question 2

Do you think people behave in different ways in different clothes?

訳 着るものが違うと行動に変化が出ると思いますか？

Answer

🔍 モデル回答

Fashion changes people's behaviour. For instance, men choose to wear suits for important business meetings because they feel more confident wearing them. They even say they can negotiate and deliver their ideas better while wearing suits. Women say that they become more conscious of how they walk and sit when they wear skirts because of their design. Wearing a dress is popular for dates among women because they can act more ladylike when wearing it. To sum up, it can be said that fashion does change people's behaviour.

訳 ファッションは人々の行動を変化させると思います。例えば、男性はスーツを着るとより自信がつくため、重要な仕事の会議にはスーツを選んで着用します。スーツを着ていると、よりうまく交渉したり、考えを伝えたりできるとまで言います。女性はスカートをはくと、そのデザインのせいで歩き方や座り方をいつもより意識すると言います。女性の間ではデートにドレスを着ていくのが人気なのは女性らしい所作になることができるからです。まとめると、ファッションは人々の行動に変化を与えると言えます。

15. Clothes Part3 テーマを掘り下げた質問

自分のことを話してみよう！

NOTE:

この単語、たいせつ！
- behaviour
  - (名) 行動
- negotiate
  - (動) 交渉する
- deliver
  - (動) 届ける、伝える
- conscious
  - (形) 意識的な
- ladylike
  - (形) 女性らしい

このフレーズ、たいせつ！
- to sum up
  - まとめると

POINT

「変化」の表現

- **change（全面的に変える）**
  The plan has been changed drastically.「計画は著しく変化しました。」
- **vary（部分的に変える）**
  The custom varies from country to country.「習慣は国ごとに異なります。」
- **transform（一変させる）**
  A makeup stylist transformed a girl into a lady.「スタイリストは少女を女性へと一変させました。」
- **shift（移動させる）**
  He shifted his weight from one foot to the other.「彼は体重を片足から片足へ移動させました。」
- **go（悪い方向に変わる）**
  All the eggs in the fridge went bad.「冷蔵庫にある卵は全部腐ってしまいました。」

271

Question 3

How different are the clothes people wear now from those they wore 10 years ago?

訳 10年前と現在では人々の着るものはどのように変化しましたか？

Answer

モデル回答

In Japan, fashion trends shift drastically. 10 years ago, people dressed differently from now. For instance, "loose socks" were popular among high school females. They were baggy socks students wore with their uniforms. Despite a strict school uniform dress code, students wore them to express their individuality. Work clothes have also changed. Japan used to be famous for salary men who only wore black suits with white shirts. However, now that people's work style has changed, there are more variations in their work outfits. It is no longer uncommon to see some Japanese people wear trainers and jeans to their offices. In just the space of 10 years, Japanese fashion has changed significantly.

訳 日本では、ファッションの流行が急激に変化します。10年前、人々は今とは全く違った服装をしていました。例えば、「ルーズソックス」という女子中高生の間で流行した服装がありました。ルーズソックスは学生が制服と一緒に履いたダボダボとした靴下です。制服の厳しい着用ルールがあったにも関わらず、生徒たちはその靴下を履くことで自分の個性を表現していました。仕事着も変化しました。日本はかつて、白シャツと黒いスーツを着たサラリーマンが有名でした。しかし、今では人々の働き方の変化とともに、仕事着にもバリエーションが増えました。日本人がトレーナーやジーンズをオフィスに着ていくのも珍しくありません。10年の間に、日本のファッションは大きく変化を遂げました。

15. Clothes Part3 テーマを掘り下げた質問

自分のことを話してみよう！

NOTE:
....
....
....
....
....
....
....
....
....
....
....
....
....

この単語、たいせつ！

☐ drastically
　副 急激に
☐ baggy
　形 ダボダボした
☐ strict
　形 厳しい
☐ individuality
　名 個性
☐ significantly
　副 大きく

POINT

「比較・対照」の表現

IELTSスピーキングでは10年前や100年前と現在を比較する質問があります。ここでは比較や分析をするときに使える表現を紹介します。

- **compared to A**（Aと比べると）
　The flat we live in now is much bigger compared to our old one.「私たちが今住んでいるアパートは昔のものに比べると大きいです。」
- **in comparison to A**（Aと比較して）
　Britain is much smaller in comparison to the rest of Europe.「英国は他のヨーロッパの国と比べると小さいです。」
- **by contrast**（対照的に）
　She had learned her speech off by heart, by contrast.「彼女は対照的にスピーチを暗記しました。」
- **different from A**（Aと異なって）
　The colour of this dress is different from the one over there.「このドレスの色は向こうのものとは違います。」

273

Question 4

What factors do you think affect the kind of clothes people wear?

訳 どんな要素が人が着るものに影響を与えると思いますか？

Answer

モデル回答

In general, people wear clothes for three main purposes. One is that they adjust people's body temperatures. People change clothes according to the weather in order to keep themselves either warm or cool. Another is to change the impression of the person. People dress differently depending on who they are with and how they want to be perceived by others. Clothes also help enhance people's physical capabilities. Athletes, for example, choose sportswear that fits their bodies well in order to increase their speed and agility. Finally, there are many factors that make people wear particular clothes in order to achieve what they need for different purposes.

訳 　一般的に、人々は3つの目的で洋服を着ます。一つは、体温調節のためです。人は、天気によって服装を変え、暖かくしたり、涼しくしたりして調整します。もう一つは、その人の印象を変化させるためです。誰と一緒にいるか、また他者からどう見られるかによって服装を変えます。また、服は身体的な活動力を上げます。例えばスポーツ選手は、スピードや機敏さを上げるために、自分の身体に合ったスポーツウェアを着ます。結局、人々が様々な目的に応じて求めるものを満たすために、特定の服を着る多くの要因が存在します。

15. Clothes Part3 テーマを掘り下げた質問

自分のことを話してみよう！

NOTE：

この単語、たいせつ！

- [ ] adjust
  (動) 調整する
- [ ] temperature
  (名) 温度
- [ ] impression
  (名) 印象
- [ ] interpret
  (動) 解釈する
- [ ] enhance
  (動) 高める
- [ ] agility
  (名) 機敏さ、敏捷性

このフレーズ、たいせつ！

- [ ] depending on A
  Aによって、A次第で

POINT

「聞き直す」表現

1度聞き直すことで減点はされません。質問の内容が不明確だった場合にこれらの表現を使います。自分が最もスムーズに発音できる表現を身に付けましょう。
- I beg your pardon please?「もう一度よろしいですか？」
- Could you repeat that question?「質問を繰り返してくれますか？」
- Could you go over it again?「もう一度繰り返してくれますか？」
- Could you say that again?「もう一度言ってくれますか？」
- Could you rephrase the question?「質問を言い換えてくれますか？」

275

16. Weather

Part 1 プライベートに関する質問

Question 1

What's the weather in your country like?
訳 あなたの国はどんな天候ですか？

Answer

🔍 モデル回答

Japan has four seasons. Global climate change affects us significantly, so temperatures tend to fluctuate a lot in both summer and winter. But spring and autumn are much milder, making them the best times of year to visit Japan.

 日本には4つの季節があります。世界規模の気候変動によって私たちは深刻な影響を受けていて、そのため気温は夏冬共に大きく変動する傾向にあります。しかし、春や秋はだいぶ穏やかなので、日本を訪れるのに最も良い季節です。

Topic	4つの季節がある　four seasons
Support	夏冬共に大きく変動する temperatures tend to fluctuate a lot in both summer and winter

💡 POINT

「気温の変化」の表現

- **fluctuate（変動する）**
  The weather in Hokkaido fluctuates now as a result of climate change.「気候変動の結果、北海道の天気は変動しています。」
- **accelerate（上昇する）**
  The wind speed accelerates as we get closer to the eye of the storm.「嵐の目に近づくに連れて風のスピードが上昇しています。」
- **drop down（下降する）**
  The temperature dropped down drastically once it snowed.「雪が降ってから気温が激しく下がりました。」

Question 2

What is your favourite season?
訳 どの季節が一番好きですか？

Answer

🔍 モデル回答

Autumn is my favourite <u>season</u>. The food is great and the temperature is the best in which to live comfortably.

訳 秋が一番好きな季節です。秋の食べ物は美味しいですし、心地よく過ごすには一番気温が良い季節です。

Topic	秋　autumn
Support	食べ物は美味しくて気温が良い food is great and the temperature is the best

💡 POINT

「季節」の表現

seasonの語源はseed（種）に由来し「種まきの時期」という意味があります。季節だけではなく時期というイメージがあります。形容詞のseasonal（季節の）はseasonal worker（季節労働者）やseasonal business（季節限定のビジネス）のように使います。そしてseasoningは「味付け、調味料」を意味します。

- rainy season（雨が多い季節）
- cold season（寒い季節）
- high season（最盛期）
- harvest season（収穫時期）
- in all seasons（年中）
- out of season（季節外れで）

自分のことを話してみよう！

NOTE：

Question 3

Does the weather affect what you do?
 天気はあなたの行動を左右しますか？

Answer

🔍 モデル回答

I think the weather entirely drives my mood. If it is raining outside, it puts me in a bad mood. It doesn't make me feel like going out.

 天気は私の気分を完全に左右すると思います。もし外で雨が降っていたら、気分が落ち込みます。雨が降ると外に行こうという気分になりません。

Topic	完全に左右する	entirely drives my mood
Support	気分が落ち込む	it puts me in a bad mood

💡 POINT

「天気」の表現

- mind（穏やかな）
  The weather in Japan is mild in autumn.「日本の秋の天気は穏やかです。」
- boiling（沸騰する）
  It was boiling hot last summer.「去年の夏は沸騰するほど暑かったです。」
- chilly（肌寒い）
  It's a little chilly even in the room.「部屋の中でも少し肌寒いです。」
- freezing（凍るような）
  It's freezing cold outside today.「今日の外は凍えるほど寒いです。」
- gloomy（どんよりとした）
  I hate gloomy weather.「どんよりとした天気が大嫌いです。」
- moderate（穏やかな）
  The temperature was moderate.「気温は穏やかでした。」

自分のことを話してみよう！

NOTE：

16. Weather **Part 1** プライベートに関する質問

Question 4

Which month has the best weather in your country?
訳 あなたの国で一番天気が良いのは何月ですか？

Answer

 モデル回答

April has fantastic weather. Despite some people complaining that it is one of the worst months in the country due to hay fever, we can go outside and fully enjoy cherry blossom-viewing with our family and friends. But since the perfect weather can sometimes make people a little too frivolous, it's true that some people overindulge, drink a little too much, and cause a little trouble.

訳 4月はとても素敵な天気です。花粉症のためにこの国で最悪の月の一つだと不満を言う人もいますが、外に出て家族や友人と花見をしっかり楽しむことができます。しかし、最高の天気は時に人々を浮かれさせるので、酒に飲まれて少し飲みすぎた人が問題を起こすことがあるのも確かです。

Topic	4月　April
Support	家族や友達と花見を楽しめる enjoy cherry blossom-viewing with our family and friends

💡 POINT

自己表現

IELTSのスピーキングでは個人の趣向や自分の国の慣習などを尋ねられます。好きな季節や好きな色、好きな食べ物など、自分が住む国と他の国との比較分析を日々の英語学習に取り入れましょう。私は自分のことを表現するノートを作り、英語の自己紹介をテンプレート化し、いつどのような質問が来ても対応できるように準備しました。IELTSの質問は日本語でも回答できないことがあるので、日常的にネタを蓄積しておくことがとても大切です。

自分のことを話してみよう！

NOTE：

279

Part 2 指定されたテーマについてのスピーチ

Question

DL 67

Describe a day when you thought the weather was perfect.

You should say:

where you were on this day

what the weather was like on this day

what you did during the day

and explain why you thought the weather was perfect on this day.

訳

とても良い天気だった日について描写してください。

以下のことについて話してください：

・どこにいたか

・どんな天気だったのか

・何をしたか

そして、なぜ最高の天気だったのか説明してください。

Answer

モデル回答

My most memorable day when the weather was amazing was a day sometime this spring. Since the sky was bright blue and the temperature was moderate, our family decided to go out and have a BBQ party. Soon after we arrived in the forest, we had our breath taken away because the sunbeams filtering through the trees were so beautiful and warm. While my parents cooked our meat and vegetables, our dog and I did a dog run. It was obvious that our dog also enjoyed that fabulous weather. After we ate the freshly grilled food, I read a book, sitting under a tree. Even though the forest was dim, the sun cast a mild light on my book, so I could read it without my portable book light. The smell of trees, flowers, and soil made me relaxed even when I was tired of reading books. While I walked around, I happened to find a fountain. Its water temperature was neither too cold nor too warm, and I realised that it seeped into my entire body when I finished drinking it. The natural environment with beautiful weather liberated me from my noisy hometown filled with artificial stimuli. Maybe I will revisit this forest again.

16. Weather Part 2 指定されたテーマについてのスピーチ

訳 最も記憶に残った天気が良かった日は、今年の春のある1日です。空が真っ青で、気温も穏やかだったので、家族は外に出てバーベキューパーティーをすることにしました。公園に到着した時、木々から差し込む日の光があまりに美しく、私たちは思わずため息をついてしまいました。両親が肉や野菜を調理している間、犬と一緒に走りました。犬もその素晴らしい天気を楽しんでいるようでした。バーベキューの後は、木の下で本を読みました。森は少し暗かったですが、本にはほのかに太陽の光が差し込んだので、手持ちのブックライトなしで本を読むことができました。木々の匂いや、花、土が私をリラックスさせました。周辺を歩いている間、たまたま泉を見つけました。水の温度は冷たすぎず、熱すぎなかったので一口飲みました。飲み干した後、全身に染み渡るのを感じました。美しい天気の自然環境は、人工的な刺激に溢れる騒がしい故郷から私を解放してくれました。この公園にはまた訪れるかもしれません。

この単語、たいせつ！

- [ ] sunbeam
  - 名 日の光
- [ ] fabulous
  - 形 素晴らしい
- [ ] fountain
  - 名 泉
- [ ] stimulus
  - 名 刺激

このフレーズ、たいせつ！

- [ ] have one's breath taken away
  - 息を飲む
- [ ] seep into
  - 染み渡る

自分のことを話してみよう！

NOTE:

💡 **POINT**

Part 2で大切な3つのポイント

・メモは文章ではなくキーワード

1分間の準備時間でメモするときには指示文を読み、キーワードとテンプレートを書き出します。また低頻出語彙もメモしておくと便利です。そして上から順に確実に質問に回答することが大切です。

・試験官に止められるまで話し続ける

準備時間1分、発表時間は2分間とされていますが、試験官に止められるまで話し続けることが大切です。

・行き詰まったら発展や転換

Another important aspect is that...（他の重要な側面としては…）やWhen it comes to...（…という話になると）などの表現を用いて、これまでの話を発展させたり別の話題に持っていき転換させたりすることで時間を稼ぐことができます。

281

Part 3 テーマを掘り下げた質問

Question 1

Do people often have conversations about the weather?
訳 よく天気について話しますか？

Answer

モデル回答

Yes, they do. People often talk about the weather because it is a great way to start a <u>conversation</u> with people you do not know very well. When I was studying in the UK, I noticed that people loved to start a conversation with the weather. When they first meet someone, English people tend to hesitate about having a personal conversation because they do not know the other person well. Talking about the weather is easy and anyone can join the conversation. It can trigger further communication even with strangers.

訳 はい。人が天気について頻繁に話すのは、知らない人との会話を始める良い方法だからです。イギリスで勉強をしていた時、人は天気の内容から会話を始めるのが好きだということに気づきました。イギリス人は初対面の人と出会った時、その相手のことをよく知らないので、私的な会話をすることをためらいます。天気について話すのは、簡単ですし、誰でも会話に参加することができます。天気の話は見知らぬ人ともそのあとの会話を続けるきっかけになります。

16. Weather Part3 テーマを掘り下げた質問

自分のことを話してみよう！

NOTE：

この単語、たいせつ！

☐ notice
　動 気づく
☐ hesitate
　動 ためらう
☐ trigger
　動 引き起こす、
　　引き金を引く
☐ stranger
　名 見知らぬ人

 POINT

conversationの語源

conversation（会話）の語源はcon（共に）＋verse（回転）＝話す順番が回ってくる＝同じ方向を向いて行う「会話」となります。語根verseは「回転してある方向を向く」イメージです。Oxford v.s. Cambridge「オックスフォード対ケンブリッジ」のversusは「対」は反対方向を向くことを意味し、divorce（離婚）は別の方向を向く、reverseは後ろに回転することから「逆」という意味になります。ad（方向）＋verse（回転）＝ある方向に回転して向くことからadverseは「逆の、不利な」という意味になります。人の性格を表すintrovertはintro（内側に）＋vert（向く）＝「内向的な」、extrovertはextro（外側に）＋vert（向く）＝「外向的な」となります。他にもuniverse（宇宙）やcontroversy（論争）、traverse（横断）も同語源です。

283

Question 2

What types of weather do people in your country dislike most?

訳 あなたの国で一番苦手とされるのはどんな天候ですか?

Answer

🔍 モデル回答

The typhoon season is probably the worst. If it was just the rain, it probably wouldn't make too much of a difference. Japan has a very good production and sale of umbrellas, and it's easy enough to grab a cheap one from the convenience store if you're caught unawares. But the wind is just horrendous. It's almost impossible to walk along the street, the transport services are often disrupted, and you can't get anywhere without being utterly drenched.

訳 台風の季節が最悪かもしれません。雨が降るだけであれば、いつもとそこまで変わりはないかもしれません。日本は雨傘の生産や販売体制がとても整っているので、いきなり雨が降ってしまった場合は、安い傘を簡単にコンビニで買うことができます。ただ、風がものすごく強いです。道をうまく歩くこともほぼ不可能ですし、交通機関もしばしば混乱してしまい、びしょびしょに濡れずにはどこにも行けません。

16. Weather Part3 テーマを掘り下げた質問

自分のことを話してみよう！

NOTE：

この単語、たいせつ！

- [ ] production
  (名)生産
- [ ] unawares
  (副)不意に
- [ ] horrendous
  (形)恐ろしい、ゾッとする
- [ ] disrupt
  (動)邪魔する
- [ ] drench
  (動)びしょ濡れにする

 POINT

「自然災害」の表現

- **typhoon**（台風）
  In Japan, typhoons occur the most during August and September.「日本では8月と9月の間に最も台風が起こります。」
- **tornado**（竜巻）
  Tornadoes usually look like a funnel reaching from the clouds down to the ground.「竜巻は雲から地上に下がった漏斗のように見えます。」
- **hurricane**（ハリケーン）
  A hurricane appears mainly in tropical areas.「ハリケーンは熱帯地域に多く発生します。」
- **thunderstorm**（雷）
  My dog was afraid of a thunderstorm.「私の犬は雷を怖がっていました。」
- **storm**（嵐）
  I can see a storm approaching.「嵐が近づいてくるのが見えます。」
- **earthquake**（地震）
  Even scientists cannot predict earthquakes accurately.「科学者でさえも地震を正確に予測できない。」

285

Question 3

What is the best way to get accurate information about the weather?

訳 正確な気象情報を得るのに一番良い方法はなんですか？

Answer

モデル回答

To be honest, our TV weathermen are pretty on top of meteorological changes. I'm confident when I watch the morning news that their predictions for the day, the week even, are as accurate as they can be. It's also really useful that the trains update us on the weather on their TV screens as we commute to and from work. That means I can prepare for any eventualities.

訳　正直に言って、日本のテレビの天気予報士は気象の予報に関してはほぼトップの正確さを持っています。朝のニュースでその日もしくはその週の天気予報を見ると、情報が正確だと確信します。仕事の行き帰りで、電車内のテレビ画面が天気の最新情報を届けてくれるのもとても便利です。その結果、突然の天気の変化にも対応することができます。

16. Weather Part3 テーマを掘り下げた質問

自分のことを話してみよう！

NOTE:

この単語、たいせつ！

☐ meteorological
　形 気象の
☐ confident
　形 確信している
☐ prediction
　名 予測
☐ accurate
　形 正確な
☐ commute
　動 通勤する、通学する
☐ eventuality
　名 偶然性、万一の事態

POINT

「正直」の表現

会話をしている相手とより親密さを増したい時や、自分の意見をより強調したい時、使えるのが「正直に言って」という言い方です。英語ではストレートに意見を言うことがプラスとなりますので、この表現はぜひ覚えておきたいです。例えば、To be honest, Honestly, Frankly speaking, To tell the truthは全て「正直に言って」の表現方法です。また、As a matter of fact（当然のことを言うと）Allow me to speak my mind（私の意見を言わせていただくと）などもさらに込み入った話をするときに使えます。

287

17. Health

Part 1 プライベートに関する質問

Question 1

Do you have any unhealthy habits?
訳 不健康な習慣はありますか？

Answer

 モデル回答

> Yes. I have tons of bad habits. A guilty pleasure of mine is eating ice cream before going to bed.

 訳 はい。たくさんあります。寝る前にアイスクリームを食べることはよくないと分かっていても、やめられない楽しみです。

Topic	悪い習慣　bad habit
Support	寝る前にアイスを食べてしまう　eat ice cream before going to bed

💡 POINT

Part 1で高得点は必須

Part 1はある程度内容を予想できます。個人的な内容から一般的な内容まで「家族」「食事」「旅行」「運動」「音楽」等の約30のトピックを把握しておけば予め対策することが可能です。日頃から自分オリジナルの表現を確立させておくことが大切です。Part 2とPart 3で挽回するという考えではなくPart 1で満点を取ることを意識して対策しましょう。

自分のことを話してみよう！

NOTE：

17. Health Part 1 プライベートに関する質問

Question 2

How often do you exercise?
訳 どのくらいの頻度で運動をしますか？

Answer

🔍 **モデル回答**

I try to make time for exercise but I often fail because I have to take care of my kids. I know I need to lose weight but after a busy day, I am too <u>exhausted</u> to go to the gym.

訳 運動する時間を作ろうとしますが、子どもの世話をしなくてはいけないので、時間がとれないことがしばしばあります。痩せなければならないことはわかっていますが、忙しい日の後には疲れすぎてジムに行けません。

Topic	行けないことがしばしば	often fail to (make time for exercise)
Support	疲れすぎてジムに行けない	too exhausted to go to the gym

💡 POINT

「疲労」の表現

- **tired（疲れている）**
  I was dead tired after the game.「私は試合後とても疲れていました。」
- **exhausted（疲労困憊である）**
  I was so exhausted after three meetings.「3つのミーティングが終わった後はかなり疲労困憊でした。」
- **beat（へとへとに疲れて）**
  I'm a little beat.「少し疲れています。」
- **knackered（くたくたに疲れて）**
  I am knackered.「くたくたに疲れています。」
- **fatigue（疲労）**
  I fought off fatigue by changing my diet and exercise habits.「食事と運動習慣を変えることで疲労を撃退しました。」
- **burned out（燃え尽きた）**
  The athlete was burned out after the Olympics.「オリンピック後、その選手は燃え尽きてしまいました。」
- **overworked（働きすぎた）**
  Your work hours last week shows that you were overworked.「先週の君の勤務時間を見ると、働きすぎだと言うことがわかります。」

Question 3

What do you do to stay healthy?

 健康でい続けるために何をしていますか？

Answer

🔍 **モデル回答**

I look up recipes that include a lot of nutritious vegetables. I want to make healthy meals, not just for myself, but also for my family.

 栄養価が高い野菜を含んだレシピを選ぶようにしています。自分のためだけではなく、家族のために健康的な食事を作りたいと思っています。

Topic	栄養価の高い野菜を含んだレシピを選ぶ
	look up recipes that include a lot of nutritious vegetables
Support	家族のために栄養のある食事を作りたい want to make healthy meals
	(not just for myself, but also) for my family

 POINT

「健康」の表現

- **nutritious vegetable（栄養価の高い野菜）**
  Nutritious vegetables are expensive.「栄養価の高い野菜は値段が高いです。」
- **healthy meal（健康的な食事）**
  My mother provides me with healthy meals every night.「母親は毎晩私に健康食を用意してくれます。」
- **toned body（引き締まった体）**
  In order to have a toned body, you need to exercise regularly.「引き締まった体になるためには定期的に運動する必要があります。」
- **dietary habit（食事習慣）**
  I need to change my dietary habits.「食事習慣を変えなければなりません。」
- **be back on your feet（回復して健康な状態に戻る）**
  It took a decade to be back on her feet again.「回復して健康な状態に戻るのに10年かかりました。」

17. Health Part1 プライベートに関する質問

Question 4

Do you eat junk food?

 ジャンクフードを食べますか？

Answer

🔍 モデル回答

I hate to admit it, but, yes, I do eat a lot of junk food. I <u>get cravings</u> for unhealthy snacks such as crisps and popcorn.

 認めたくはないですが、はい、ジャンクフードはたくさん食べてしまいます。ポテトチップスやポップコーンなどの健康に悪いスナック菓子が欲しくてたまらなくなります。

Topic	ジャンクフードはたくさん食べる　eat a lot of junk food
Support	健康に悪いスナック菓子は欲しくてたまらなくなる get cravings for unhealthy snacks

 POINT

「食欲」の表現

- get cravings for A（Aを食べたがる）
  When my wife was pregnant she got cravings for watermelon.「私の妻が妊娠したときスイカを食べたがっていました。」
- appetite（食欲）
  I don't have an appetite.「私は食欲がありません。」
- hungry（お腹が空いている）
  I am very hungry now.「今とてもお腹が空いています。」
- starving（飢餓しそうなほどお腹が空いた）
  I am starving so can I have a bite?「お腹が空きすぎているのでひとくち食べてもいいですか？」

自分のことを話してみよう！

NOTE：

Part 2 指定されたテーマについてのスピーチ

Question

🎧 DL 70

Describe something you do to stay healthy.

You should say:
    what it is
    when and where you do it
    how often you do it
and explain why you do it.

訳

健康のためにしていることを描写してください。

以下のことについて話してください：

・それが何か

・いつ、どんな時に行うか

・どのくらいの頻度でそれをしているか

そしてなぜそれをするのか説明してください。

Answer

🔍 モデル回答

Running after work is my way of staying healthy. There is a gym a 5-minute walk away from my house, so it is not difficult for me to go there at least once a week. The beginning of my running journey was when my friend asked me to join a marathon a few years ago. Although it was my first time running a long distance, being with my friend was helpful and it was even enjoyable. Running is extremely refreshing and makes my body feels lighter afterwards. Since I have started running, I have been sleeping well and have a better appetite. Running makes me stay healthy and is a great habit I would like to continue from now on.

17. Health **Part2** 指定されたテーマについてのスピーチ

訳 仕事の後のランニングは健康維持するための私なりの方法です。自宅から徒歩5分のところにジムがあるので、最低でも週に1回通うことは難しくありません。走り始めたのは、数年前に友人がマラソンに参加しないかと誘ってくれた時でした。長距離を走ったのはその時が初めてでしたが、友人がとても心強く、楽しむことさえできました。ランニングはとてもスッキリするし、走った後は体が軽く感じます。ランニングを始めてから、睡眠も良く取れ、食欲も改善されました。ランニングは私の健康を維持してくれるので、これからも続けていきたいとても良い習慣です。

この単語、たいせつ！

☐ appetite
　名 食欲
☐ afterwards
　副 その後

このフレーズ、たいせつ！

☐ at least
　少なくとも
☐ from now on
　これから

自分のことを話してみよう！

NOTE：

💡 POINT

同義表現

IELTSのスピーキングやライティングでは繰り返し（repetition）が好まれません。以下のような同義表現を上手く活用してパラフレーズするように心がけましょう。

- keep on= continue
- add up= combine
- blow up= explode
- break down= collapse
- look over= examine
- think over= consider
- give out= distribute
- go through= experience

293

Part 3 テーマを掘り下げた質問

Question 1

How does modern technology affect our health?
訳 現代の科学技術は私たちの健康にどのような影響を与えていますか？

Answer
モデル回答

Nowadays, technology plays an important role in managing our health conditions. For instance, there are apps you can get on your smartphone which track how much you walk. People can record how much exercise they did in the past so that they can compare the data from the past and improve on that. Another example is being able to book doctor's appointments online. By using this service, people can avoid long waiting lines at hospital. Especially for elderly people, the system is very helpful because it is sometimes hard for them to sit and wait for long hours. Technology these days plays a vital role in controlling our health and this trend will continue to grow.

訳 今日では、科学技術は私たちの健康状態を管理するのに重要な役割を果たしています。例えば、人々がどれだけ歩いたかを計測できるスマートフォン搭載のアプリがあります。過去の記録と比較して改善できるように、過去にどれだけ運動をしたか記録を残すことができます。別の例としてはオンラインで医者の予約ができることです。このサービスを利用することで、病院で長時間順番待ちをしなくてすみます。特に高齢の人々にとっては、長時間座って待つのが大変なこともあるため、このサービスはとても助かります。最近の科学技術は、私たちの体調管理においてとても重要な役割を果たしていて、この傾向は拡大していくと思います。

17. Health Part 3 テーマを掘り下げた質問

自分のことを話してみよう！

NOTE：

この単語、たいせつ！

- [ ] app
  - (名) アプリ
- [ ] track
  - (動) 追跡する、計測する
- [ ] vital
  - (形) 重要な

このフレーズ、たいせつ！

- [ ] play a role
  - 役割を果たす
- [ ] book an appointment
  - 予約を取る
- [ ] elderly people
  - 高齢の人々

 POINT

「最近」の表現

「最近」と言う表現をしたい時、様々な言い方があります。いつ頃と比べて「最近」なのかによって、選ぶ単語が違ってくると言えます。数ヶ月前から現在まではlately、1年前以上前の過去と比べた場合はthese days、100年ほど前と比べるとnowadaysを使うのが適切です。

- **lately（最近）**
  I have not seen him lately.「ここ最近彼を見かけていません。」
- **these days（近頃）**
  Every high school student has a mobile phone these days.「近頃の高校生はみんな携帯電話を持っています。」
- **nowadays（この頃）**
  Nowadays people rarely do their laundry by hand.「この頃、人々は手洗いで洗濯をしなくなりました。」

295

Question 2

How can the government encourage people to stay healthy?

訳 政府は人々の健康を促進するためにどんな政策をとることができると思いますか？

Answer

🔍 モデル回答

There are two ways governments can <u>encourage</u> people to stay healthy. One strategy is for the government to ask food industries to indicate the health level of products on their packaging. If customers can learn how nutritious the product is by seeing the description, they are more likely to choose wholesome foods. Another suggestion is that the government can announce a national health week to promote the benefits of exercise to more people. Working out by yourself is usually a tedious thing to do but it is sometimes easier with a group. There can be a marathon contest or free yoga classes where people can easily join. If the government succeeds in implementing these ideas, people will be more motivated to stay in good health.

訳 政府が人々の健康を促す方法は2つあります。一つ目の戦略は、政府が食料品産業に対して、パッケージに商品の健康レベルを表記させるよう求めることです。消費者がその商品のパッケージの説明を見ることで栄養価が分かれば、より健康的な食品を選ぶようになる可能性があります。また別の提案としては、政府がより多くの人に対して運動の利点を推奨するために、国の健康週間を発表することです。一人で運動することは大抵退屈ですが、グループでやると簡単な場合があります。人々が気軽に参加できるようなマラソンのコンテストや、無料のヨガクラスがあってもいいと思います。政府が、このようなアイデアを実行することに成功すれば、健康を維持することにもっとやる気がわくと思います。

17. Health Part3 テーマを掘り下げた質問

自分のことを話してみよう！

NOTE：

この単語、たいせつ！

☐ strategy
 名 戦略
☐ nutritious
 形 栄養のある
☐ wholesome
 形 健康な
☐ tedious
 形 退屈な
☐ indicate
 動 示す、意味する
☐ implement
 動 実施する

このフレーズ、たいせつ！

☐ work out
 運動する

POINT

encourageの語源

encourage（励ます）の語源はen（動詞化接頭辞）＋cour（心）＝心を動かす＝励ますとなります。courage（勇気）も「心」が語源です。encourage（励ます）の反意語はdiscourage（落胆させる）でdisappoint（失望させる）やdepress（憂鬱にする）の同意語です。「心」に由来する単語はcore（核）やcord（コード）もイメージしやすいですね。またrecord（記録する）もre（再び）＋cord（心）＝再び心に刻む＝記録するという意味になりました。cordial messageは「心のこもったメッセージ」で手紙の敬具としてCordially yours. という表現をSincerely yours. やBest regardsと同じように使います。

297

Question 3

Why do some people continue bad habits knowing they are damaging their health?

訳 なぜ人は健康に悪いと解っていながら悪い習慣を続けてしまうのでしょう?

Answer

🔍 モデル回答

Unbalanced mental health often creates a bad habit. For instance, when people are stressed, they tend to eat more junk food. They can forget about their frustration while they eat because of the strong tastes and textures. Once the person knows that junk food releases their tensions, they repeat it until it becomes a bad habit. Boredom is also a cause of a bad pattern. Sometimes people go to bed so late checking social media or just mindlessly surfing the internet. Although they know they are tired and need sleep, they stay awake because, ironically, there is nothing interesting to satisfy them. The lack of sleep easily becomes a habit and people have a hard time recovering once this habit is fixed. Mental health and boredom are two main factors that make people keep their bad habits.

訳 精神的に弱っていると、悪い習慣を生んでしまうことが多いです。例えば、人はストレスを感じると、スナック菓子をより多く食べがちです。スナック菓子の強い味と歯ごたえを味わうことで人は食べているあいだ苛立ちを忘れることができます。一度スナック菓子が緊張を解くことを覚えてしまうと、人はそれが習慣化してしまうまで食べ続けてしまいます。退屈も悪い習慣を作り出す原因の1つです。SNSのチェックをしたりなんとなくネットサーフィンをしたりして寝るのが遅くなってしまう人々もいます。疲れていて、睡眠が必要だと分かっているのに、皮肉なことに、満足するような面白いことがないから夜遅くまで起きてしまうのです。睡眠不足は簡単に習慣化しやすく、この習慣が癖になると改善するのに大変な思いをします。心の健康と、退屈さが人に悪い習慣を続けさせる2つの大きな要因です。

17. Health Part3 テーマを掘り下げた質問

自分のことを話してみよう！

NOTE:

この単語、たいせつ！

- ☐ frustration
  名 不満、落胆
- ☐ texture
  名 食感、質感
- ☐ tension
  名 緊張
- ☐ boredom
  名 退屈
- ☐ mindlessly
  副 なんとなく、考えのない
- ☐ ironically
  副 皮肉なことに
- ☐ fix
  動 固定する

POINT

「不足」の表現

- **lack（不足）**
  I got ill because of lack of sleep.「睡眠不足で病気になりました。」
- **want（不足）**
  Society functions on the basis of balancing wants and needs.「社会は不足と必要性のバランスをもとに機能しています。」
- **shortage（不足）**
  A shortage of doctors is a serious problem.「医者不足は深刻な問題です。」

299

Question 4

In what ways do people encourage their children to stay healthy?

訳 どうやって子どもに健康を維持させようとしていると思いますか？

Answer

モデル回答

Parents often expect their children to eat home-cooked meals, to make them stay healthy. Some mothers wake up early to prepare nutritious lunch boxes for kids every day. Even when kids want to eat McDonalds, mothers insist that children should bring the lunch they cooked instead. Showing adults eating healthily to kids can also teach them to stay in good health. Children tend to imitate adults' behaviour. Therefore, if older people keep their healthy habits, children will mimic and be able to do the same. Alcohol and smoking should be somehow avoided in front of youngsters so that they are less likely to be involved with them in the future.

訳 親は子どもに、家で調理した料理を食べて健康でいてほしいと願っています。子どもに栄養のあるお弁当を作るため毎朝早く起きる母親もいます。子どもがマクドナルドを食べたいと思っていても、母親は子どもに自分が作ったお弁当を持っていくよう言います。大人が健康的な食生活をしているところを見せることも、子どもに健康を維持を教えることになります。子どもは親の行動を真似しがちです。したがって、もし年上の人々が健康的な習慣を保っていると、子どもは真似をして、同じことができるようになります。子どもが将来巻き込まれることのないように、アルコールや喫煙は子どもの前ではどうにか避けるべきだと思います。

17. Health Part3 テーマを掘り下げた質問

自分のことを話してみよう！

NOTE：

この単語、たいせつ！

- [ ] expect
  (動) 期待する
- [ ] nutritious
  (形) 栄養のある
- [ ] insist
  (動) 主張する
- [ ] imitate
  (動) 真似をする
- [ ] youngster
  (名) 子ども、若者

POINT

「真似」の表現

- **imitate（手本として真似する）**
  In order to achieve something, it is better to start from imitating.「何かを達成したければ、まず真似をすることから始めると良いです。」
- **mimic（真似をしてバカにする）**
  My friends mimicked my voice.「友人が私の声を真似してバカにしました。」
- **copy（複写する）**
  Please copy this message on your memo.「このメッセージをメモに複写してください。」

18. Newspaper

Part 1 プライベートに関する質問

Question 1

Do you read newspapers or magazines?
訳 新聞か雑誌を読みますか？

Answer

モデル回答

No. My family used to subscribe to newspapers but they stopped because it is easier and faster to get information from the Internet.

 いいえ、私の家族は以前まで新聞を頼んでいましたが、インターネットの方が情報が簡単に早く手に入るので、やめてしまいました。

Topic	以前は新聞を読んでいた　used to subscribe to newspapers
Support	インターネットの方が情報が早く手に入るから because it is easier and faster to get information from the Internet

POINT

「過去の習慣」の表現

used to や would は「(今はしていないが) 昔はよく〜したものだ」ということを表すときに使います。wouldは動作動詞にしか使えないので注意しましょう。

- used to（以前は）
  My grandmother used to wash clothes by hand.「以前祖母は手で服を洗っていました。」
- would（よく〜したものだ）
  My mother would always tell me "Be kind to others."「母は昔、『他人に優しくしなさい』とよく私に言ったものです。」

自分のことを話してみよう！

NOTE:

Question 2

How often do you buy newspapers or magazines?
訳 新聞か雑誌をどれくらいの頻度で購入しますか？

Answer

🔍 モデル回答

I rarely buy newspapers or magazines but when my favourite artists are featured, I buy one for my collection.

訳 新聞も雑誌もほとんど買いませんが、もし好きなアーティストが掲載されていたら、コレクションのために購入します。

Topic	ほとんど買わない　rarely buy（newspapers or magazines）
Support	コレクションのためには購入する　buy one for my collection

💡 POINT

「部分否定」の表現

- rarely（滅多に〜しない）
  I rarely go to museums.「美術館にはほとんど行きません。」
- hardly（あまり〜しない）
  I hardly see my cousins.「いとこたちにはあまり会いません。」
- seldom（滅多に〜しない）
  She is seldom at home on Sundays.「彼女は日曜日はめったに家にいません。」
- merely（単に〜）
  She merely wants her son to be happy.「彼女は単に息子に幸せになってほしいだけです。」

自分のことを話してみよう！

NOTE：

Question 3

What kind of articles are you most interested in?

 どんな記事に一番興味がありますか？

Answer

 モデル回答

> Since I love to watch sports, I am fond of reading sports articles. I especially love to catch up with the athletes playing overseas.

 スポーツを見ることが好きなので、スポーツ記事が好きです。特に海外で活躍している選手について追いかけるのが好きです。

Topic	スポーツ記事が好きです　be fond of reading sports articles
Support	海外で活躍している選手について追いかけるのが好きです love to catch up with the athletes playing overseas

POINT

「強調」の副詞

- especially（特に）
  Bees are especially active in Spring.「蜂は春に最も活発に行動します。」
- specifically（はっきりと）
  A TV commercial is specifically aimed at teenagers.「そのテレビCMは10代向けのものです。」
- definitely（確実に）
  I will definitely come back here.「私は絶対にいつかここに戻ってきます。」
- surprisingly（驚くことに）
  Surprisingly, my boss did not yell at me.「驚くことに、上司は私に怒鳴りませんでした。」
- without a doubt（間違いなく）
  This is a great product, without a doubt.「これは間違いなく、素晴らしい商品です。」
- dramatically（劇的に）
  Her life will dramatically change.「彼女の人生は劇的に変化するでしょう。」
- significantly（かなり）
  The sales have been improved significantly.「売り上げはかなり改善しました。」

18. Newspaper **Part1** プライベートに関する質問

Question 4

Have you ever read a newspaper or magazine in a foreign language?

 外国語で新聞や雑誌を読むことはありますか？

Answer

🔍 **モデル回答**

Yes, I have. I had a standing <u>subscription</u> to *The Economist*, because I wanted to brush up my business English. But it turned out to be wasted money, since I barely ever got around to reading it.

 はい。英語力を磨きたかったので The Economist を定期購読していました。でも全然それらを読まずにお金の無駄にとなってしまったことが分かりました。

Topic	定期購読していた　had a standing subscription
Support	お金の無駄　wasted money

 POINT

subscribe の語源

subscribe（定期購読する）の語源は sub（下に）+ scribe（書く）= 定期購読の申し込み用紙に記入するイメージです。また「定期購読する」する以外にも「寄付する」という意味もあり subscribe to a charity（慈善事業に寄付する）のように表現できます。sub（下）が付く英単語は subway（道の下を通る地下鉄）、submarine（海の下を通る潜水艦）などがお馴染みです。ラテン語由来の scribe（書く）が付く英単語を見ていきましょう。prescribe の語源は pre（前に）+ scribe（書く）=「薬を処方する」となり、transcribe は trans（横切る）+ scribe（書く）=「書き写す」となり、inscribe は in（中に）+ scribe（書く）=「彫って刻む」となります。また scribble は「走り書きする」、describe は de（下に）+ scribe（書く）=「描写する」となり、IELTS スピーキングの Part 2 では 1 分間で scribble する時間があり 2 分間で describe することが求められます。

自分のことを話してみよう！

NOTE：

305

Question 5

Do you think reading a newspaper or magazine in a foreign language is a good way to learn the language?

訳 外国語で新聞や雑誌を読むことは、その言語を学ぶのに良い方法だと思いますか？

Answer

🔍 モデル回答

One of the benefits of reading a newspaper or magazine in a foreign language is the amount of exposure you receive while you are reading. You will be able to guess the unknown vocabulary from the context, but you also get used to the common references made by people who use that language.

 新聞や雑誌を外国語で読む利点の一つは、読んでいる間にその言語に浸れる量が多いことです。文脈から知らない語彙の意味を察することができるようになりますが、その言語を使っている人によって作られる共通の引用に慣れることにもなります。

Topic	読んでいる間に浸れる量　amount of exposure while you are reading
Support	文脈から知らない語彙の意味を察することができる guess the unknown vocabulary from the context

💡 POINT

外国語で新聞や雑誌を読むことの重要性

書き言葉（written language）を強化する上で英字新聞は非常に有効です。英語学習者向けの英字新聞には日本語のサポートがあり、段階的に英語力を身に付けたい場合にはおすすめです。自分の興味のある話題に関する1つの記事を1日で繰り返し音読し、話し言葉（colloquial language）として使える表現をノートにまとめましょう。大切なことは自分の英語力に合った記事をたくさん読むことです。

18. Newspaper Part1 プライベートに関する質問

自分のことを話してみよう！

NOTE：

Part 2 指定されたテーマについてのスピーチ

Question

DL 73

Describe an article you have recently read.

You should say:

  when you read it

  where you read it

  what it is about

and explain how interesting it was.

訳

最近読んだ記事について描写してください。

以下のことについて話してください：

・いつ読んだのか

・どこで読んだのか

・何についての記事だったか

どのようにその記事が面白かったのか説明してください。

Answer

🔍 モデル回答

Last week I read an article about how a child's brain changes when parents read books to them compared to when a child spends time playing on screens. I found the article on CNN online when I was researching something else. The most significant part of the article is a picture which shows how differently brains develop by using colours. The photo depicts very clearly that a child's brain where the parents read to them shows a clear growth, whereas a child who spends an average of two hours a day playing on screens shows massive underdevelopment in their brain. It was worth reading because I was not quite sure whether I should provide my toddler who is a preschooler with a screen tablet. The document made me decide to wait until he starts primary school.

18. Newspaper Part2 指定されたテーマについてのスピーチ

訳 先週、子どもが親から本を読み聞かされた場合と、スマホやタブレットのスクリーンを使って時間を費やす場合とを比べて、どのように脳が変化するかという内容の記事を読みました。この記事はネットで調べ物をしている際に、CNN オンラインで見つけました。この記事で最も重要なのは、脳がどのように変化するのか色を使って描写している写真です。その写真は、子どもが親から読み聞かせをされた場合に脳が明らかに成長しているのに対して、一日平均2時間を画面上で遊ぶ時間に費やしている子どもはその脳に確実に未発達の部分があることを示していました。幼稚園に通う私の子どもにタブレットを渡すか悩んでいたところだったので、その記事を読んでとても良かったです。その記事を読んで、彼が小学生になるまでは待とうと決めました。

この単語、たいせつ！

☐ depict
　動 描写する
☐ underdevelopment
　名 未発達
☐ toddler
　名 幼児（歩き始めの子ども）

自分のことを話してみよう！

NOTE：

💡 POINT

「与える」の表現

- **give（与える）**
  I sometimes give my dog snacks. 「私は時々犬にお菓子をあげます。」
- **provide（提供する）**
  A teacher provided students with textbooks. 「教師が生徒に教科書を与えました。」
- **offer（提供する）**
  They offered us free samples outside of the café. 「カフェの外で無料サンプルを提供してくれました。」
- **supply（供給する）**
  Please supply your phone number. 「あなたの電話番号をください。」

309

Part 3 テーマを掘り下げた質問

Question 1

Do you think newspapers will be replaced by online news?
訳 新聞はオンラインニュースに置き換えられてしまうと思いますか？

Answer
🔍 **モデル回答**

There are two reasons why online news cannot surpass newspapers. One is that the newspapers are more trustworthy than online articles. "Fake news" is a trend word these days because it is so easy for people to publish false news online. On the other hand, publishing newspapers takes more time and it goes through several processes to finally make a copy, which can make it more reliable. Second is that people remember information better when they read it in a newspaper than they do when they read it online. Unfolding the paper and flipping it helps people read the information more actively than scrolling on a screen. Reading news online is convenient but the memory of what was read does not necessarily last long. That is why older generations still stick to newspapers. In conclusion, online news will not easily replace newspapers.

訳 オンラインニュースが新聞を超えられない二つの理由があります。一つは、新聞はオンラインの記事よりも信頼ができるということです。人がオンラインで嘘のニュースを流すことはとても容易なため、「フェイクニュース」は最近の流行の言葉になっています。一方で、新聞を発行することは、最終的に刷るためにいくつかのプロセスを踏むので、より信用ができるものになります。二つ目は、オンラインで読むよりも紙面で読んだ方が人は情報を覚えているということです。紙面を開いたり、ページをめくったりする動作は、画面をスクロールするよりも積極的に情報を読むことに役立ちます。オンライン上でニュースを読むことは便利ですが、読んだことの記憶は必ずしも長く残るとは限りません。これが高齢者世代の多くが今でも新聞紙にこだわる理由です。結論として、オンラインニュースは簡単に新聞紙に取って代わることはありません。

18. Newspaper **Part 3** テーマを掘り下げた質問

自分のことを話してみよう！

NOTE：

この単語、たいせつ！

- □ surpass
  - (動) 上回る、しのぐ、勝る
- □ publish
  - (動) 出版する、発行する
- □ unfold
  - (動) 開く、広げる
- □ flip
  - (動) めくる
- □ last
  - (動) 続く
- □ replace
  - (動) 取って代わる

このフレーズ、たいせつ！

- □ stick to
  - 固執する、こだわる
- □ in conclusion
  - 結論として

POINT

「信頼」の表現

- **trustworthy**（信頼できる）
  My boss is trustworthy.「私の上司は信頼できます。」
- **reliable**（信頼できる）
  He is not reliable.「彼は信頼できません。」
- **dependable**（信頼できる）
  I need a dependable assistant.「頼りになる助手が必要です。」
- **faithful**（信頼できる）
  I only use faithful resouces.「信頼できるリソースしか使いません。」

311

Question 2

In what ways are newspapers better than other forms of media?

訳 他のメディアと比べて新聞はどのように優れていますか？

Answer

モデル回答

There are three reasons why newspapers are better than other forms of media. First, newspapers are light and easy to carry around. Unlike books, newspapers are usually thin and enable you to read anywhere. Second, reading newspapers <u>does</u> people less <u>harm</u> than reading on a screen. Staring at the screen for long hours puts strain on your eyes and can be exhausting. Third, reading newspapers in the morning helps people feel relaxed and focused enough to be ready for the busy day ahead. For some, reading the newspaper while drinking coffee is their favourite morning routine.

訳 新聞が他のメディアよりも優れている理由は3点あります。一つは、新聞は軽く持ち運びがしやすいことです。本と違い、新聞は大抵薄く、好きな場所で読むことができます。二つ目に、紙面で読むことは、画面上で読むよりも人に害を及ぼしません。画面を長時間見続けていると目の負担となり疲れてしまいます。三つ目に、朝に新聞を読むと人はリラックスでき忙しい一日を迎えるために十分集中することができます。コーヒーを飲みながら新聞を読むことがお気に入りの朝の習慣だという人もいます。

18. Newspaper **Part 3** テーマを掘り下げた質問

自分のことを話してみよう！

NOTE：

この単語、たいせつ！

☐ unlike
　前 **と違って**
☐ strain
　名 **緊張、負担**
☐ exhausting
　形 **疲れる**
☐ routine
　名 **習慣**

💡 POINT

do の表現

- **do 人 harm（人に害を与える）**
　Most animals won't do any harm.「ほとんどの動物は害を与えません。」
- **do 人 good（人に利益をもたらす）**
　This medicine will do you good.「この薬はよく効くでしょう。」
- **do 人 a favour（お願いを聞く）** ＊直訳では「好意を与える」
　Can you do me a favour?「お願いを聞いてもらえませんか？」
- **do away with A（Aを廃止する）**
　We must do away with violence.「暴力は排除しなければなりません。」
- **do ＋動詞の原形（強調）**
　I do love you.「あなたをとても愛しています。」

313

Question 3

How do you think newspapers can attract more people?

訳 どうやったらもっと多くの人が新聞に魅了されると思いますか？

Answer

🔍 モデル回答

It is said that fewer people read newspapers nowadays. In order to encourage more people to read newspapers, there are a few things that can be tried. One solution is to lower the monthly subscription price. Major Japanese publishers' monthly fees are about 4000 yen. If one person subscribes for a year, it will cost 52000 yen. If publishers could lower the price a little more, more people would be interested in subscribing. Another solution is to print bigger letters on the page to be senior friendly. Elderly people often struggle reading tiny words on the newspaper so making large print versions of newspapers would make them more accessible. Third, publishers can produce newspapers for younger generations. A common impression of newspapers from the perspective of young people is that they are boring, in black and white and written in a serious, intellectual tone. If there was a version with more colour and interesting topics, younger generations would feel more familiar with the media. These can be suggestions to bring more people into reading newspapers.

訳 最近では新聞を読む人が少ないと言われています。より多くの人が新聞を読むように促すために、何点か試せることがあります。一つの解決策は、1月の購読料を安くすることです。日本の大手新聞社の購読料は月に4000円ほどです。1年購読すれば、5万2000円かかります。新聞社が購読料をもう少し下げることができれば、より多くの人々が購読に興味を持つでしょう。もう一つの解決策は、高齢者にやさしくするために紙面の文字を大きく印刷することです。高齢者は新聞の小さな文字を読むのに苦労することが多いため、拡大版を作れば、新聞が読みやすくなるでしょう。3つ目に、新聞社は若い世代向けの新聞を作成することができます。若い人たちの視点から見たよくある印象は、新聞は白黒で、真面目で知的な調子で書かれていてつまらないというものです。カラーだったり、面白いトピックを扱ったりすれば、若い世代が新聞により親しみを感じるでしょう。これらがより多くの人に新聞を読んでもらうための提案です。

314

18. Newspaper Part 3 テーマを掘り下げた質問

自分のことを話してみよう！

NOTE：

この単語、たいせつ！

☐ subscription
　名 購読
☐ struggle
　動 苦労する
☐ tiny
　形 とても小さな
☐ accessible
　形 利用できる
☐ intellectual
　形 知的な

このフレーズ、たいせつ！

☐ lower the price
　価格を下げる
☐ from the perspective of young people
　若者の視点から

POINT

「2項イディオム（binominal）対義語の並列」の表現

- black and white（白黒）
- back and forth（前後）
- on and off（時々）
- hide and seek（かくれんぼ）
- love and hate（愛と憎しみ）
- wax and wane（盛衰）

315

Question 4

Do you prefer to read domestic news or international news?

訳 国内のニュースと国際ニュース、どちらを読むのが好きですか？

Answer

🔍 モデル回答

Domestic news is my main interest. Reading what is happening around myself is crucial in daily life. For example, weather information in the newspaper is useful to know. The information usually includes the weekly report, so it helps me when there is an important event scheduled at weekend. Newspapers are helpful resources for me when natural disasters happen. Sometimes the information encourages me to do volunteer work or make donations. Finally, national sports news is also very interesting to read in newspapers. During the Rugby World Cup, newspapers reported how Japanese players battled bravely. It excited me to know how well the national team performed. For these reasons, reading domestic news is more interesting to me than reading international news.

訳 国内のニュースが私の主な関心事です。自分の周りで何が起こっているのか読むことは、日常生活において大切です。例えば、新聞に載っている天気の情報は便利です。大抵は週間予報も掲載されているので、大切な用事が週末にあるときはとても助かります。自然災害が起こった時も、新聞はとても助けになる情報源です。時々新聞の情報を見てボランティア活動をしたり、募金をしたりしようという気持ちになります。最後に、自分の国のスポーツニュースも新聞で読むととても面白いです。ラグビーワールドカップ期間中に、新聞は日本の選手がどれだけ勇敢に戦ったかを掲載していました。自国の代表チームがどれだけ優れたパフォーマンスをしたのかを知ってとてもワクワクしました。これらの理由で、国内のニュースを読むのは国際ニュースを読むことよりも私には面白いです。

316

18. Newspaper Part3 テーマを掘り下げた質問

自分のことを話してみよう！

NOTE:

この単語、たいせつ！

- ☐ domestic
  形 国内の
- ☐ crucial
  形 重要な
- ☐ disaster
  名 災害、大惨事
- ☐ donation
  名 寄付
- ☐ bravely
  副 勇敢に

POINT

domesticの語源

domestic（家庭内の、国内の）のdomの語源は「家」です。家のイメージから「領域」や「支配」という解釈もできます。domestic violenceは「家庭内暴力」ですが、空港に行くとdomesticと書かれた入り口とinternationalと書かれた入り口があり、国内線と国際線という意味になります。また動詞形のdomesticateは「動物を家庭に馴染ませ飼いならす」という意味で、類語のtame（飼いならされた）も覚えておきましょう。固有名詞のMadonna（マドンナ）や「家庭内の奥様」を意味するmadam、そしてkingdom（王国）も同語源です。またdome（ドーム）やdormitory（寮）も家の形をしていることから連想できます。「領域」という語源のイメージからdomain（領土）、そして領土をdominate（支配する）も覚えておきましょう。

317

19. Music

Part 1 プライベートに関する質問

Question 1

What kind of music do you listen to?
訳 どんな音楽を聴きますか？

Answer

🔍 モデル回答

I am obsessed with K-POP these days. I have a favourite girl group, and their songs are so catchy!

 最近はK-POPにハマっています。好きな女性グループがいて、彼女たちの曲はとても耳に残ります。

Topic	K-POPにハマっている　be obsessed with K-POP
Support	好きな女性グループがいて、曲が耳に残る my favourite girls group and catchy songs

💡 POINT

「夢中」の表現

- **be crazy about A**（Aに夢中だ）
  He is crazy about his favourite band.「彼は好きなバンドに夢中です。」
- **be into A**（Aが好き）
  She is into books.「彼女は本が好きです。」
- **be glued to A**（Aにはまっている）
  I was glued to toys when I was a kid.「子どもの頃はおもちゃにはまっていました。」
- **be obsessed with A**（Aに夢中になっている）
  My friend is obsessed with a singer.「私の友達はある歌手に夢中です。」
- **be fascinated by A**（Aに魅了される）
  I was fascinated by the atmosphere of England.「英国の雰囲気に魅了されました。」
- **become intrigued with A**（Aに興味を惹かれる）
  He became intrigued with science in high school.「彼は高校の頃に科学に興味を持ち始めました。」

Question 2

Do you play any musical instruments?

 何か楽器を演奏しますか？

Answer

🔍 モデル回答

I took piano lessons all throughout elementary school, but I absolutely hated it. Therefore, I <u>took up</u> violin from junior high and I've loved it ever since!

 小学生の頃ずっとピアノを習っていましたが、全く好きではありませんでした。なので、中学生の頃からバイオリンを始めて、それからずっと好きで弾いています。

Topic	ピアノを習っていた　took piano lessons
Support	中学生からバイオリンを始めた　took up violin from junior high

💡 POINT

「楽器」の表現

- play the violin（バイオリンを弾く）
  Every Saturday, Emma takes time to play the violin.「エマは毎週土曜日、時間をとってバイオリンを弾きます。」
- play the drums（ドラムを弾く）
  My brother plays the drums at home.「私の弟は家でドラムを弾きます。」
- take piano lessons（ピアノを習う）
  Ken's mother convinced him to take piano lessons.「ケンの母は彼にピアノを習うよう説得しました。」
- take up the guitar（ギターを習い始める）
  I am going to take up the guitar from next year.「来年からギターを習い始めるつもりです。」

自分のことを話してみよう！

NOTE：

Question 3

How has the music that you listen to changed over the past 10 years?
訳 ここ10年で聴く音楽は変わりましたか？

Answer

モデル回答

I used to love listening to J-POP, but now I like K-POP more. It's interesting to listen to songs in another language, and I've picked up a bit of Korean too.

 昔はJ-POPを聴くのが好きでしたが、今はK-POPの方が好きです。他の言語で音楽を聴くのは面白くて、聞いていたら韓国語も少し覚えました。

Topic	J-POPが好だったが、今はK-POPの方が好き used to love listening to J-POP, but now I like K-POP
Support	他の言語で音楽を聴くのは面白い interesting to listen to songs in another language

POINT

「習得」の表現

- **pick up**（習得する）
 The more she listened to French music, the more she picked up French.「フランス語の曲を聴けば聴くほど、どんどんフランス語を習得しました。」

- **learn**（学ぶ）
 I learned how to play the piano when I was in elementary school.「小学生の時、ピアノの弾き方を学びました。」

- **master**（習得する）
 I hope to master a new language at university.「大学では新しい言語を習得できればと思います。」

- **acquire**（習得する）
 I want to acquire a foreign language.「外国語を習得したいです。」

19. Music **Part1** プライベートに関する質問

Question 4

Do you prefer going to a live concert or listening to songs at home?

訳 生のライブに行くのと、家で音楽を聴くのと、どちらが好きですか？

Answer

🔍 モデル回答

I love going to concerts with my friends. Concert tickets can be a bit <u>expensive</u> for a university student, but it's definitely worth it.

訳 友達と一緒にライブに行くのが好きです。ライブのチケットは大学生には少し高額な時もありますが、確実に行く価値はあります。

Topic	友達と一緒にコンサートに行くのが好き love going to concerts with my friends
Support	チケットは大学生には少し高額な時もあるが、行く価値がある tickets can be a bit expensive for a university student, but it's worth it

💡 **POINT**

「値段」の表現

- **expensive**（高い）
  That is extremely expensive.「それは極端に高すぎます。」
- **pricy**（高価な）
  The bag is too pricy.「そのブランドバッグは高価すぎます。」
- **cost**（費用がかかる）
  It costs a fortune to buy the golf equipment.「ゴルフ用品を買うのには大金がかかります。」
- **overpriced**（高値な）
  My girlfriend and I went to the overpriced French restaurant.「彼女と私は高価なフランスレストランに行きました。」
- **rip-off**（ぼったくり）
  That's a rip-off.「それはぼったくりですね。」
- **reasonable**（手頃な）
  I recently bought a wallet at a reasonable price.「最近お手頃価格で財布を買いました。」

Part 2 指定されたテーマについてのスピーチ

Question 🎧 DL 76

Describe your favourite musician.

You should say:

how you found him/her

what kind of music he/she plays

how his/her music inspires you

and explain why you like him/her so much.

訳

好きなミュージシャンについて描写してください。

以下のことについて話してください：

・どうやってそのミュージシャンを知ったか

・どんな音楽を演奏するのか

・どのようにあなたに影響を及ぼしたか

そしてどうしてそのミュージシャンが好きなのか、説明してください。

Answer

🔍 モデル回答

My favourite musician is Michael Jackson. I have been a huge fan of his since my father introduced me to his music when I was in elementary school. My father first played it in his car when he drove me to school and I was fascinated. Michael Jackson's music is very rhythmic and his voice has a huge range. Even when he reaches for a high note, he sings so easily. I also like the lyrics when he sings a ballad. Unlike his pop songs, his ballad songs are very emotional, and they hit me every time I listen. I have all of his CDs and sometimes watch his music videos on my laptop.

19. Music Part 2 指定されたテーマについてのスピーチ

> 私の好きなミュージシャンはマイケルジャクソンです。私が小学生だった時に父に紹介してもらい、それ以来ずっと大ファンです。父は最初、私を学校に送っていく車の中で彼の音楽をかけていて、私は魅了されました。マイケルの音楽はとてもリズミカルで、声域にとても幅があります。高音もいとも簡単に歌ってしまいます。彼がバラードを歌う時の歌詞も好きです。ポップな曲とは違い、バラードはとても感情的で、聴くたびに心に響きます。彼のCDは全て持っていて、時々自分のパソコンで彼のミュージックビデオを見ます。

この単語、たいせつ！

- [ ] laptop
  - 名 ノートパソコン
- [ ] fascinate
  - 動 魅了させる
- [ ] rhythmic
  - 形 リズミカルな
- [ ] ballad
  - 名 バラード
- [ ] emotional
  - 形 感情的な

自分のことを話してみよう！

NOTE：

POINT

「音楽」の表現

- **listen to music**（音楽を聞く）
  I listen to music at any opportunity.「私はどんな時でも音楽を聴きます。」
- **a piece of music**（1曲）
  It took about a year for the band to complete a piece of music.「そのバンドは1曲完成させるのに1年ほどかかりました。」
- **classical music**（クラシック音楽）
  My grandfather is fond of classical music.「私の祖父はクラシック音楽が好きです。」
- **lyric**（歌詞）
  A singer forgot his lyrics during a live concert.「歌手は生のコンサートで歌詞を忘れてしまいました。」
- **tone deaf**（音痴の）
  I don't want to sing in front of people because I'm tone deaf.「音痴なので皆の前で歌いたくありません。」
- **sing in chorus**（合唱する）
  Students in Japan sing in chorus every week.「日本の生徒は毎週合唱をします。」

Part 3 テーマを掘り下げた質問

Question 1

In what ways has modern technology changed the way we listen to music?

訳 現代の科学技術は音楽の聴き方をどのように変えましたか？

Answer

モデル回答

> Modern technology has significantly changed the way we listen to music. For example, it is common for people these days to listen to music through their smartphones or portable music players. Back in the day, people used to play music only at home or in a car because they needed bigger players to do so. However, people can now listen to music anywhere they like. Another example is how the internet has enabled us to access various kinds of music. People used to go to shops and buy CDs and records to listen to their favourite artists, whereas people now find music online and simply play it. YouTube is a famous online video streaming service and there is also a music streaming service called Spotify where people can find any genre of music.

訳 現代の科学技術は、私たちの音楽の聴き方を大きく変えました。例えば、最近ではスマートフォンやポータブル音楽プレーヤーで音楽を聴くのはありふれたことです。昔は、音楽を聴くために大きなプレーヤーが必要だったので、家でしか聴きませんでした。しかし、今では人は好きな場所で音楽を聴くことができます。もう一つの例は、インターネットによって様々な種類の音楽にアクセスできるようになったことです。昔は好きなアーティストの音楽を聴くために、お店に行ってCDやレコードを買っていましたが、今ではオンラインで見つけて簡単に再生することができます。YouTubeは有名なオンライン動画ストリーミングサービスで、どんなジャンルの音楽でも見つけることができるSpotifyという音楽ストリーミングサービスもあります。

19. Music Part 3 テーマを掘り下げた質問

自分のことを話してみよう！

NOTE：

この単語、たいせつ！
- ☐ significantly
  (副) 著しく
- ☐ portable
  (形) 持ち運びできる
- ☐ genre
  (名) ジャンル

 POINT

コラム：主張を支える4つのE

自らの主張のあとにはそれを強固にするための根拠が必要です。その根拠の具体例として4つのEが有効です。

● **experience（経験）**
When I was in high school, I had the experience of studying abroad in Australia for two months. 「高校のときにオーストラリアに2ヶ月留学しました。」

● **example（例）**
For example, older generations did not have the idea of the iPhone. 「例えばシルバー世代はiPhoneというアイデアがありませんでした。」

● **evidence（証拠）**
According to evidence from the United Nations, the number has been decreasing. 「国連の調査によるとその数は減っているそうです。」

● **explanantion（説明）**
It was a simple and easy explanation for everyone in the room. 「その部屋にいた皆にとってシンプルで簡単でした。」

325

Question 2

What kind of music is popular in your country?

訳 あなたの国ではどんな種類の音楽が人気ですか？

Answer

モデル回答

J-POP is a unique Japanese musical genre which is often played in Japan. It sometimes sounds similar to western rock or pop but has added Japanese original textures of sound. What is special about J-POP is its lyrics. The lyrics are usually very well written and have a strong message. There is a famous J-POP song called "Sekai ni Hitotsu Dake no Hana" meaning "The One and Only Flower in the World" sung by the Japanese boy band SMAP. Not only is the melody catchy and easy to remember, but the lyrics are also very inspiring. They talk about how important it is to be the only one rather than number one. The message influenced Japanese people across all generations and the song became very popular around the early 21st century.

訳 J-POPは日本でよく流れている日本独自の音楽ジャンルです。西洋のロック音楽やポピュラー音楽に似たように聞こえることもありますが、日本独自の音のテクスチュア（空気感）が加えられています。J-POPで特別なのは歌詞です。歌詞は大抵よく書かれていて、強いメッセージがあります。日本の男性アイドルSMAPの（世界に一つだけの花という意味の）「世界に一つだけの花」という有名なJ-POPの曲があります。メロディがキャッチーで覚えやすいだけでなく、歌詞もとても感動的です。歌詞はナンバーワンになることよりもオンリーワンになることの大切さを説いています。そのメッセージによってあらゆる世代の日本人が影響を受け、この曲は21世紀のはじめにとても人気になりました。

19. Music Part 3 テーマを掘り下げた質問

自分のことを話してみよう！

NOTE：

この単語、たいせつ！

- [ ] lyrics
  - 名 歌詞
- [ ] catchy
  - 形 楽しくて覚えやすい
- [ ] inspire
  - 動 元気づける、刺激を与える
- [ ] influence
  - 動 影響を与える

POINT

「影響」の表現

influenceは名詞形で「影響」、動詞形で「影響する」となります。influenceの語源は元々占星術の専門用語でin（中に）＋flu（流れる）で、「中に流れ込んでくる」＝「天体から流れ込んでくる運気」とされています。affectは直接的な影響で動詞形として使われ、ネガティブな意味で使われることもあります。The earthquake affected Japanese society. のように出来事や言動に対する感情的な影響、感動や動揺を表現します。impactは、不可算名詞で「衝突」という意味があるように、可算名詞では「強い影響」という意味合いです。impact（〜に強い影響を与える）という動詞としても使われることがありますが、一般的には「衝突する」という意味で使われます。

- **influence（影響する）**
  Her mother influenced her decision.「彼女の母は彼女の決定に影響を与えました。」
- **affect（直接影響する）**
  An old building was affected by the fire.「古い建物は火事の影響を受けました。」
- **impact（影響を与える）**
  The decision may impact your whole life.「その決定はあなたの一生に影響を与えるかもしれません。」

327

Question 3

Do you think music is an important subject?

訳 音楽は重要な科目だと思いますか？

Answer

🔍 **モデル回答**

Music is a crucial subject for students to learn about many things. One of them is collaborating with others. When students are in a chorus, harmony is the key. In order to harmonise well, one has to listen to others and adjust accordingly. Through the experience students learn the skill of cooperation. Another is being confident and expressing yourself freely. Music is about expression. In order to sing well or play well, you have to get rid of hesitations and showcase yourself. Confidence is a necessary skill in any kind of field, therefore students should train themselves through music. Finally, music nurtures artistic sense. Listening to music can grow students' artistic insights, which teaches them to be creative. They learn original points of view though music.

訳 音楽は生徒が多くのことを学ぶための重要な科目です。一つは人と協働することです。生徒がコーラスに参加するとき、ハーモニーが鍵になります。良いハーモニーを奏でるためには、周囲の音をよく聴きそれに合わせなければいけません。この経験を通して、生徒は協力するという技能を学びます。もう一つは自信を持って自由に表現することです。音楽は表現です。上手に歌ったり演奏したりするためには、躊躇いを取り除いて自分を見せなければいけません。自信はどんな分野でも必要な力ですので、生徒は音楽を通して自分を鍛えるべきです。最後に、音楽は芸術的感覚を養います。音楽を聴くことで、創造性を育む芸術的洞察力が育ちます。生徒は音楽を通じて独自の視点を身につけるのです。

19. Music Part 3 テーマを掘り下げた質問

自分のことを話してみよう！

NOTE：

この単語、たいせつ！
- ☐ collaborate
  (動) 協働する
- ☐ cooperation
  (名) 協力
- ☐ expression
  (名) 表現
- ☐ nurture
  (動) 養う、育む
- ☐ insight
  (名) 洞察力

POINT

「重要」の表現

- important（重要な）
  This information is important to national defence and must be kept top secret.「この情報は国防にとって重要であり、極秘でなければなりません。」
- crucial（極めて決定的で重大な）
  Sherlock Holmes found a crucial piece of evidence at the crime scene.「シャーロックホームズは、犯罪現場で決定的な証拠を発見しました。」
- critical（致命的で重要な）
  The snowboarder was in critical condition after being caught in the avalanche.「スノーボーダーは雪崩に巻き込まれた後、致命的な状態にありました。」
- essential（本質的で重要な）
  It is essential I find my passport.「パスポートを見つけることが本質的に重要です。」
- pivotal（重要な）
  America joining the Allies was the pivotal point in the World War II.「アメリカが連合国に加わったことは、第二次世界大戦の運命の分かれ目でした。」
- vital（命に関わるほど重要な）
  Vitamin D is a vital nutrient for the body.「ビタミンDは、体にとって必要不可欠な栄養素です。」

Question 4

Do you agree with the idea that traditional music is more important than pop music?

🈂 伝統的な音楽がポピュラー音楽より重要だという考え方に賛成ですか？

Answer

🔍 モデル回答

Yes, I do. First, traditional music has a longer history and it has to be preserved. A lot of famous traditional music has been composed based on historical issues. For example, "*White Riot*", written by the British punk band The Clash, was based on the 1976 West London riot led by black youths protesting against the racially oppressive government. People remember the issue by listening to the song. Those meaningful songs are very important and should be heard. Second, traditional music can be lost because of a lack of digital data. Some old content is only available through records and they somehow need to be protected. At the same time, because of how rare it is to gain access to that aged content, those old songs have more value than modern music. For these reasons, I believe that traditional music is more essential than pop music.

🈂 はい、賛成です。一つ目に、伝統的な音楽はより長い歴史を持っており、保存されるべきです。有名な伝統的音楽の多くは歴史的な出来事に基づいて作られてきました。英国のパンクバンドThe Clashによって作られた『White Riot』という曲は、1976年にウエストロンドンで黒人の若者たちによって先導された、政府の人種的抑圧への抗議騒動に基づいています。人々はこの曲を聴くことでその出来事を思い出します。これらの意義深い曲はとても重要で聴き継がれるべきものです。二つ目に、伝統的な音楽はデジタルデータの不足によって失われてしまう可能性があります。古いコンテンツにはレコードでしか入手できないものがあり、それらは保護される必要があります。同時に、古いコンテンツを入手することの希少性から、古い曲は現代の音楽よりも価値があります。これらの理由により、伝統的な音楽はポピュラー音楽よりも重要だと私は思います。

19. Music **Part3** テーマを掘り下げた質問

自分のことを話してみよう！

NOTE：

この単語、たいせつ！

☐ preserve
　(動) 保存する、保護する
☐ compose
　(動) 作曲する、構成する
☐ protest
　(動) 抗議する
☐ oppressive
　(形) 抑圧的な
☐ protect
　(動) 守る、保護する
☐ essential
　(形) 重要な

 POINT

「保護」の表現

- **preserve**（保管して保護する）
We must preserve the environment for future generations.「将来の世代のために環境を保護しなければなりません。」
- **conserve**（配慮して保護する）
Let's conserve energy.「エネルギーを節約しましょう。」
- **protect**（危害や病気から守る）
Sunscreen is important to protect your skin from sunburn.「日焼け止めは日焼けから肌を守るので大切です。」
- **save**（安全に守る）
The firefighter saved the children from the fire.「消防士は火事から子どもを守りました。」
- **shelter**（囲んで保護する）
The generous lady sheltered the dog.「親切な女性がその犬を保護しました。」

20. Transport

Part 1 プライベートに関する質問

Question 1

How did you get here today?
訳 今日はどうやってここに来ましたか？

Answer

🔍 モデル回答

I took the train. It was more <u>crowded</u> than I expected so it took about an hour and a half to get here.

 電車に乗りました。予想以上に混雑していたので、ここに着くまでに1時間半かかりました。

Topic	電車に乗った　took the train
Support	ここに着くまでに1時間半かかった took about an hour and a half to get here

💡 POINT

「混雑」の表現

- **crowded**（混雑している）
  The shopping centre is so crowded today.「ショッピングセンターは今日とても混雑しています。」
- **packed**（ぎゅうぎゅうの）
  The train was so packed in the morning.「朝電車はとてもぎゅうぎゅうでした。」
- **jammed**（身動きが取れない状態の）
  The roads are jammed with cars.「道は車だらけで身動きが取れない状態でした。」
- **congested**（混雑した）
  During the festival, the town was so congested.「お祭りの時期、街はとても混雑していました。」
- **get stuck**（詰まる）
  I got stuck in the lift.「エレベーターに閉じ込められました。」
- **crammed**（詰め込まれた）
  The supermarket is crammed with people「スーパーは人でいっぱいです。」

Question 2

Do you often use public transport?
 公共の交通機関をよく使いますか？

Answer

🔍 モデル回答

Yes, I use public transportation every day to commute to work. I take the bus first to the nearest station, and then I <u>get on</u> the train.

 はい、私は出勤するのに公共の交通機関を使います。まず最寄りの駅までバスに乗ってから電車に乗ります。

Topic	出勤するために毎日公共の交通機関を使う use public transportation every day to commute to work
Support	まず最寄りの駅までバスに乗り、そして電車に乗る take the bus first to the nearest station, and then I get on the train

💡 POINT

「乗り降り」の表現

- take trains（電車に乗る）
- get on the train（電車に乗り込む）
- get off the train（電車から降りる）
- ride a bike（自転車に乗る）
- get in the car（車に乗る）
- get out of the car（車から降りる）

自分のことを話してみよう！

NOTE：

Question 3

Which do you prefer, public transportation or private transportation?
訳 公共の交通機関とプライベートな移動手段とでは、どちらが好きですか？

Answer

モデル回答

I <u>am tired of</u> using public transportation, especially because trains can get very crowded during rush hour. I enjoy taking a quiet drive in my own car every Saturday.

訳 特にラッシュ時に電車はとても混雑するので、私は公共の交通機関にはうんざりしています。毎週土曜日に自分の車で静かにドライブするのを楽しんでいます。

Topic	公共の交通機関にはうんざりしている tired of using public transportation
Support	毎週土曜日に自分の車で静かにドライブするのを楽しんでいる enjoy taking a quiet drive in one's own car every Saturday

POINT

「うんざり」の表現

- **be tired of A**（Aにうんざりする）
  I am so tired of reviewing a pile of files.「山積みの書類に目を通すのにうんざりしています。」
- **be sick of A**（Aにうんざりする）
  I am sick of my husband.「うちの旦那にはうんざりしています。」
- **be fed up with A**（Aにうんざりする）
  Everyone is fed up with the boss.「みんな上司にうんざりしています。」
- **annoying**（うっとうしい）
  The noise outside is really annoying.「外の雑音がうっとうしいです。」

自分のことを話してみよう！

NOTE：

20. Transport **Part 1** プライベートに関する質問

Question 4

How much money do you spend on travelling?

訳 移動にいくら使っていますか？

 モデル回答

Let's see. My company covers my travel <u>expenses</u>, so I am not quite sure, but I think it <u>costs</u> a total of about 1500 yen there and back.

訳　えーと。私の会社が旅費を負担してくれているので、はっきりとはわかりませんが、大体往復で1500円くらいですね。

Topic	はっきりとはわからない　I am not quite sure
Support	だいたい往復で1500円くらい　about 1500 yen there and back

 POINT

「費用」の表現

- **cost**（費用）
The cost of this car was only $2,000.「この車の費用はたったの2,000ドルでした。」
- **fare**（運賃）
I bought a one-way fare.「片道運賃を購入しました。」
- **expense**（費用）
My salary covers my family's day-to-day living expenses.「私の給料で家族の日々の生活費をカバーしています。」
- **expenditure**（支出）
The annual expenditure on this product was bit low.「この商品の年間支出は少し低かったです。」
- **budget**（予算）
This is a little over my budget.「これは少し予算オーバーです。」

自分のことを話してみよう！

NOTE：

335

Part 2 指定されたテーマについてのスピーチ

Question

DL 79

Describe a method of transport that you enjoyed using.

You should say:
> what kind of transport it is
> what it is used for
> where you visited using it
and explain why you enjoyed it.

訳

あなたが利用して楽しかった移動手段について説明しなさい。

以下のことについて話してください：

・どのような種類の移動手段なのか

・それが何のために使われているのか

・どこにそれを利用しに行ったのか

そして、なぜ楽しかったのか説明しなさい。

Answer

🔍 **モデル回答**

One time I took a bus in Tokyo in the evening to visit the Skytree and enjoyed the experience a lot. The bus came on time and the inside was very clean. Because it was post-rush hour, the bus was not too crowded. I could sit next to the window and really enjoyed the night view of Tokyo. The most interesting thing for me was the people who were on the same bus. They were of all different ages and they all seemed to enjoy looking out at the busy Tokyo atmosphere. Strangers sometimes even talked to each other about how exciting it was to visit the Skytree. It was very surprising for me seeing random people speak to each other since I know that Japanese people are usually very shy.

336

20. Transport Part2 指定されたテーマについてのスピーチ

 ある時、私は夕方に東京スカイツリーを訪れるためにバスに乗り、大いに楽しみました。バスは時間通りに来て、内装はとても綺麗でした。ラッシュアワーの後だったので、バスはあまり混んでいませんでした。私は窓側の座席に座ることができ、東京の夜景を満喫しました。私にとって一番興味深かったのは同じバスに乗っていた人たちでした。彼らの年齢はバラバラで、そして全員が喧騒に満ちた東京の雰囲気を眺めて楽しんでいるように見えました。初対面の人たちが、スカイツリー観光をどれだけ楽しみにしているかを話すことさえありました。日本人は通常とても内気だと知っていたので、さまざまな人たちがお互いに話しているのを見るのは、私にとってとても驚くべきことでした。

この単語、たいせつ！
☐ atmosphere
名 雰囲気

このフレーズ、たいせつ！
☐ the night view
夜景
☐ random people
さまざまな人々

自分のことを話してみよう！

NOTE：

POINT

「交通」の表現

- **traffic jam（交通渋滞）**
  I will be late because of a heavy traffic jam.「ひどい交通渋滞で遅刻します。」
- **public transport（公共交通機関）**
  James uses public transport to commute to work.「ジェームズは仕事に通うのに公共交通機関を利用します。」
- **in rush hour（ラッシュアワーの間）**
  It takes 40 minutes in rush hour.「ラッシュアワーには40分かかります。」
- **round-trip（往復旅行）**
  I purchased a round-trip ticket to Oxford.「オックスフォードまでの往復チケットを購入しました。」
- **hitch a lift（ヒッチハイクで車に乗せてもらう）**
  It's dangerous to hitch a lift with a stranger.「知らない人の車に便乗するのは危険です。」
- **beat the traffic（渋滞を避ける）**
  I always leave home early in the morning to beat the traffic.「渋滞を避けるためにいつも早く家を出ます。」

337

Part 3 テーマを掘り下げた質問

Question 1

In what ways could the transportation system in your hometown be improved?

訳 どのようにあなたの地元の交通機関を改善できると思いますか？

Answer

モデル回答

Public buses in Tokyo have some aspects that could be improved. First, in order to avoid the traffic, there could be a GPS system that can track where buses are. Sometimes people have to wait in a long line for the next bus. If there were an online system which <u>informs</u> passengers where the next one is, it would be more convenient. Second, drivers should drive more safely. Sometimes bus drivers are so aggressive that the bus shakes and people almost fall. Drivers should drive a little slower to be more considerate to people inside. Third, there should be a notice for priority seats. Sometimes I see young people carrying on sitting on the seats and not offering them up when elderly people get on. If there was a bigger notice or a poster saying younger people should give seats to seniors, people would be more aware.

訳 都営バスは改善できる面がいくつかあります。一つ目に、混雑を避けるために、どこにバスがあるか追跡できるGPSシステムを導入できます。次のバスに乗るために、長い行列に並んで待たなければいけない時があります。もし乗客に次のバスがどこにいるのかを知らせるオンラインのシステムがあれば、もっと便利でしょう。二つ目に、ドライバーはもっと安全に運転するべきです。時にバスの運転手がとても乱暴に運転するため、バスが揺れ、人が倒れそうになることもあります。運転手は乗客に親切にするためにもう少しゆっくり運転するべきです。三つ目に、優先席の注意書きがあるべきです。お年寄りが乗ってきた時に若者が席に座り続けて、譲らないのを見かけることがあります。もし、若者はお年寄りに席を譲りましょうと訴える、より大きな注意書きやポスターがあれば、彼らはより配慮するでしょう。

20. Transport **Part3** テーマを掘り下げた質問

自分のことを話してみよう！

NOTE：

この単語、たいせつ！

- [ ] aspect
  - （名）側面
- [ ] passenger
  - （名）乗客
- [ ] aggressive
  - （形）攻撃的な、乱暴な
- [ ] considerate
  - （形）親切な
- [ ] notice
  - （名）注意書き、案内

このフレーズ、たいせつ！

- [ ] priority seat
  - 優先席

💡 POINT

「知らせる」の表現

- inform（知らせる）
A doctor needs to inform a patient about a situation. 「医者は患者に状況について知らせなければなりません。」

- notify（通知する）
I will notify you once I am ready. 「準備ができたらお知らせします。」

- let 人 know（人に知らせる）
I will let you know the update. 「更新があればお知らせします。」

Question 2

What are the advantages and disadvantages of automatic operating systems?

訳 自動運転システムの長所と短所はなんでしょう?

Answer

🔍 モデル回答

The advantage of <u>automatic</u> operating systems is their convenience. Sometimes people find driving difficult, for example elderly people or people with disabilities. Furthermore, some people are not allowed to drive, like underage people or people who have been drinking alcohol. Self-driving technology will help those people to commute. Because of sophisticated future AI, people can be carried anywhere without any effort. On the other hand, its negative side is its safety aspect. Although AI will keep improving and become more trustworthy, there is a limit. It would be a disaster if an automatic system made misjudgement and caused an accident. At the same time, it would be difficult to tell who was responsible for the accident.

訳 自動運転システムの利点はその便利さにあります。例えば高齢者の方や障害を持っている方など、運転が困難な人がいます。さらに、未成年や飲酒をした人など、運転することを認められない人もいます。自動運転の技術はそういった人たちが移動するのに役立つでしょう。洗練された未来の人工知能によって、私たちは何の苦もなくどこにでも行けるようになるでしょう。その一方で、短所は安全面です。人工知能は向上し続け、より信頼できるようになりますが、限界もあります。もし自動システムが判断を誤って事故が起きた場合、大惨事になるでしょう。同時に、誰がその事故の責任を負うのか判断するのも難しいです。

340

20. Transport　Part 3　テーマを掘り下げた質問

自分のことを話してみよう！

NOTE:

この単語、たいせつ！

☐ automatic
　㊧ 自動の
☐ disability
　㊂ 障害
☐ underage
　㊧ 未成年の
☐ sophisticated
　㊧ 洗練された
☐ responsible
　㊧ 責任のある

 POINT

automaticの語源

接頭辞 auto は「自己」を意味し、automatic は auto（自己）＋ ment（心）＋ ic（性質）＝自分の心で動くというニュアンスから「自動的な」になります。automobile は auto（自己）＋ mob（動く）＝自分で動き出すものとして「自動車」、autograph は auto（自己）＋ graph（書かれたもの）＝「有名人のサイン」、そしてこの単語に bio（命）を追加すると auto（自己）＋ bio（命）＋ graph（書かれたもの）から「自叙伝」となります。成功する英語学習者に共通するのは autonomous learner（自立した学習者）であり、この automous は「自立した」という形容詞で、名詞形の autonomy（自立）も覚えておきましょう。また医学用語で autism（自閉症）も IELTS では必須単語です。

Question 3

What could be done to improve the current transportation system?

訳 現在の交通システムを改善するために何ができますか？

Answer

🔍 **モデル回答**

There are several things that could be done to improve the Japanese train service. First, in order to prevent people from falling, all stations should install platform gates. Some stations already have them but some do not. Platform gates should be <u>mandatory</u> for all stations. Second, to carry more people at once, the train carriages should be bigger. Japanese rush hour is a sight to behold. People try to get in no matter how crowded the inside is. To improve the situation, if there were bigger trains we could mitigate the overcrowding problem. Third, there could be music inside the train. Sometimes passengers feel so much tension inside the car that quarrels happen. If there were some kind of music played, it would create a relaxed mood and would calm people down. For the purpose of creating a relaxed atmosphere, trains should play music.

訳 日本の電車のサービスを改善するためにできることはいくつかあります。第一に、乗客の転落を防ぐために、全ての駅でホームドアを設置するべきです。既にいくつかの駅にはありますが、設置していない駅もあります。ホームドアは全ての駅に強制するべきです。第二に、より多くの乗客を一度に運ぶために、車体はより大きいものであるべきです。日本のラッシュアワーは目を見張るものがあります。この状況を改善するために、より大きな電車があれば、混雑を緩和できるでしょう。第三に、電車内には音楽をかけるべきです。時に乗客は車内で、口論に発展することもあるほど強いストレスを感じています。もし何か音楽がかかっていれば、車内にリラックスできる雰囲気が作られ、人々を落ち着かせるでしょう。安らぐ雰囲気を作るためにも、電車では音楽をかけるべきです。

20. Transport Part 3 テーマを掘り下げた質問

自分のことを話してみよう！

NOTE:

この単語、たいせつ！

- mandatory
  (形) 必須の、義務の
- behold
  (動) 注視する、見守る
- crowded
  (形) 混雑している
- mitigate
  (動) 緩和する
- quarrel
  (名) 喧嘩
- atmosphere
  (名) 雰囲気

このフレーズ、たいせつ！

- train carriage
  車両
- rush hour
  ラッシュアワー
- calm down
  落ち着かせる

POINT

「必要」の表現

- **mandatory（義務の）**
  Seat belts are mandatory.「シートベルトの着用は義務です。」
- **compulsory（強制の）**
  In Korea, military enlistment is compulsory.「韓国では軍への入隊は義務です。」
- **essential（不可欠な）**
  Water is essential while exercising.「運動中に水は不可欠です。」
- **necessary（避けられず必要な）**
  It is necessary to have a passport when you go abroad.「外国に行く時にはパスポートが必要である。」
- **indispensable（必要不可欠な）**
  Supply and demand is indispensable to economics.「需要と供給は経済に必要不可欠である。」

Question 4

Do you think people will drive more in the future?

(訳) 将来人々はもっと運転するようになると思いますか？

Answer

モデル回答

Yes, I do. First, a shift in Japanese work style will encourage people to use cars more often. Previously, Japan was known for its crazy rush hour because the majority of companies start around the same time. Now, it is common that people work flexible hours and some people do not go to their offices anymore. Therefore, individual cars will be more convenient for those people in order to fit their unique lifestyles. Second, automatic cars will encourage more people to drive. For example, people with disabilities will be able to drive thanks to the automatic system. Hence, the use of cars will increase. Third, the more society grows, the more the use of cars by seniors will increase. These days, the super-aged Japanese society is encouraging people to retire late and elderly people are healthy enough to go anywhere. This means more and more cars will end up on the roads.

(訳) そう思います。第一に、日本のワークスタイルの変化によって人々は車をより頻繁に利用するように推奨されています。かつて、日本は狂ったようなラッシュアワーで有名でしたが、それは多くの会社がほぼ同じ時間に始業していたからです。今ではフレックスで働いたり、もはやオフィスに行かずに働くことも普通になっています。したがって、自家用車はそのような人たちが独自のライフスタイルを送るうえでより便利になるでしょう。第二に、自動運転車によって、より多くの人々が運転するようになるでしょう。例えば、自動システムのおかげで、障害者も運転できるようになります。そのため、車の利用は増えるでしょう。第三に、社会が成長すればするほど、高齢者の車の利用も増えるでしょう。最近では、日本の超高齢化社会によって、人々が退職を遅らせるように勧められており、高齢者はどこでも行けるほど十分健康です。したがってますます多くの車が路上に並ぶでしょう。

20. Transport **Part 3** テーマを掘り下げた質問

自分のことを話してみよう！

NOTE：

この単語、たいせつ！
- □ previously
  (副) 以前は
- □ individual
  (形) 個人の
- □ hence
  (副) なので、だから、したがって
- □ retire
  (動) 退く、退職する

POINT

「雇用」の表現

- **apply（応募する）**
  You should apply for as many jobs as possible. 「できるだけ多くの仕事に応募するべきです。」
- **interview（面接する）**
  The HR team interviews about 10 people a day. 「人事部のチームは1日に10名ほど面接します。」
- **hire（雇用する）** = employ
  A director hired a new employee. 「ディレクターは新しい従業員を雇用しました。」
- **employment（雇用）**
  I'm in full-time employment. 「私は正社員です。」
- **dismiss（解雇する）** = fire, lay off
  She was dismissed because of her laziness. 「彼女は怠惰な態度のせいで解雇されました。」
- **retire（退職する）**
  My father has recently retired. 「私の父は最近退職しました。」

345

Memo

Memo

Memo

おわりに

　ここまでお疲れさまでした。本書のIELTS基本例文200と厳選された20のトピックで多種多様な表現を獲得して頂けたかと思います。

　ここからは、基本例文を使って繰り返し瞬間的に英文を組み立てる訓練と、蓄積した表現やテンプレートを自分のコンテキストに置き換えて英語を話す練習をしてみてください。

　そして日常生活の中で出会う新しい表現も同様に、自分の表現集に追加し、常にアウトプットするように意識してみましょう。そうすることで自然と綺麗な表現が適材適所で使えるようになります。

　スピーキングの土台は強固で大量のインプットです。英語放送や英語の動画を活用して洗練された表現を自分のものにしていきましょう。みなさんのIELTSスピーキングの旅を応援しています！

嶋津幸樹

IELTS で
真の英語力を
身に付けよう！

■装丁デザイン
竹内雄二

■DTP
㈱Sun Fuerza

■イラスト
いけがみますみ

■編集協力
タクトピアIELTS研究チーム

林董(シカゴ大学院卒、上智大学院卒)

田中佐知(コロンビア大学院卒)

三浦永理(早稲田大学国際教養学部卒)

河西真理(サンクトペテルブルク大学卒)

本橋恵美(モナッシュ大学卒)

岡本悠希(ペンシルベニア大学教育学大学院卒)

北嶋友香(デポー大学卒)

■音声ナレーター
Rachel Smith

Stuart Varnam-Atkin

■動画出演
Govindi Deerasinghe

山本莉紗子(国際基督教大学教養学部卒)

著 者

嶋津幸樹（しまづ・こうき）

1989年山梨県生まれ。17歳のときに海外進学塾を創設。山梨学院高校、青山学院大学文学部英米文学科卒業。ロンドン大学教育研究所応用言語学修士課程修了。ケンブリッジ大学認定英語教授資格CELTA取得、IELTS 8.0取得。Pearson ELT Teacher Award 2017受賞。現在はタクトピア株式会社にてELT（英語教育）ディレクターを務める傍ら、大学講師やIELTS講師を務める。

英文作成

Govindi Deerasinghe（ゴヴィンディ・ディラシンハ）

1994年スリランカ生まれ。9歳のときにイギリスに移住。ロンドン大学（UCL）卒業後、法律大学にて法廷弁護士資格取得。その後、ロンドン大学院クイーンメアリー校にて国際公法修士課程修了。IELTS 9.0満点取得。現在はタクトピア株式会社のELTコンサルタントとして執筆活動を行う傍ら、人権問題を扱うNGOに所属している。

編集協力

庄司康介（しょうじ・こうすけ）

1995年千葉県生まれ。開成中学校・高等学校、東京外国語大学国際社会学部卒業。ロンドン大学教育研究所教育学修士課程修了。カナダのブリティッシュコロンビア大学にて英語教員資格TESLを取得。実用英語技能検定（英検）1級、IELTS7.5取得。日本の公立中学校、カナダの日本語学校での日本語指導の経験も持ち、タクトピア株式会社でインターンリーダーを務めた経験がある。

IELTSスピーキング完全対策

2020年 3月16日　初版　第1刷
2022年 7月 4日　　　　第2刷

著　者　　嶋津幸樹

発行者　　吉田嘉明

発行所　　株式会社DHC

　　　　　〒106-0041　東京都港区麻布台1-5-7

　　　　　03-3585-1451（営業）

　　　　　03-3585-1581（編集）

　　　　　03-5572-7752（FAX）

印刷所　　株式会社 加藤文明社

© Koki Shimazu 2020 Printed in Japan

落丁・乱丁本はお取り替えいたします。

ご意見、ご感想は下記URLにあるお問合せフォームをご利用ください。

https://top.dch.co.jp/shop/book/contact/

本書の無断転載・複製（コピー）は著作権法により禁じられています。

ISBN 978-4-88724-638-6 C0082